GERD OSSENBRINK

Es darf doch gelacht werden

oder

»Dilemma-Gesellschaft«

Gerd Ossenbrink

Es darf doch gelacht werden

oder

»Dilemma-Gesellschaft«

Vom Mutig-Sein, Beleidigt-Sein und Listig-Sein

ZUM AUTOR

Gerd Ossenbrink,
geboren 1943, katholisch sozialisiert, Schüler in einem Ordensinternat und Abitur an einem Jesuitengymnasium, Lehrer und Schulleiter a. D., ehem. Kommunalpolitiker, Öffentliche Interventionen in gesellschaftlichen Diskursen.

DIE BIBLIOGRAFISCHE INFORMATION DER DEUTSCHEN BIBLIOTHEK

Die Deutsche Bibliothek verzeichnet diese Publikation in der Deutschen Nationalbibliografie; detaillierte bibliografische Daten sind im Internet über www.dnb.de abrufbar.

© 2015 Gerd Ossenbrink

Korrektorat: Waltraud Kirchhoff, Büren-Brenken
Layout: Alfons Wester, Büren-Brenken

Herstellung und Verlag: BoD – Books on Demand GmbH, Norderstedt

ISBN 978-3-7392-0317-1

Inhalt

Vorwort

Das ist so eine Situation zu Beginn des Jahres 2015. Ein Anlass ergibt sich zu schreiben, es ist fast ein Zwang angesichts der Ereignisse von Paris und der nachfolgenden irritierenden Manifestationen von Bekennertum, von Widerständigkeit, aber auch klammheimlicher Freude. Ich habe mich diesem Zwang ergeben und habe vieles einfließen lassen, was im weiten Sinne erhellend oder bedenkenswert sein kann. Der Cluster auf Seite 10 ergab sich fast von allein, die Begriffe purzelten, verlangten nach Abgrenzung, nach Definitionen, wollten an das gerade Geschehene irgendwie angepasst werden, verlangten aber auch gleichzeitig nach Abgrenzung und Distanzierung zu den Morden in Paris, in der Redaktion eines Satiremagazins, und dann in dessen Umfeld. Neunzehn Menschen sind am Ende tot, siebzehn sind die Opfer von zwei Mördern, deren Kennzeichen die Verweigerung von säkularem Umgang mit der Welt und auch deren Gottheiten und Heiligtümern ist. Die Fundamentalisten maßen sich an zu definieren, worüber gelacht, geschmunzelt und disputiert werden darf in unheiligem Spaß oder auch heiligem Ernst. Sie sind aus der Zeit gefallen, hören und lesen, was sie nicht verstehen können, und folgen ihrem Gotteswahn oder ihren Religionsverführern.

Indes: Gibt es nicht auch Grenzen beim Lächer-lich-Machen, darf Spaß grenzenlos bis zur Ge-schmacklosigkeit sein, darf das Wort Blasphemie noch verwendet werden, darf Spaßgesellschaft alles? Darauf einige Gedanken zu verschwenden tut meines Erachtens bitter not, wenn wir nicht grenzen-lose Idioten sein wollen, die schenkelklopfend ver-blöden.

Der weitere Verlauf dieses Jahres ist geprägt durch die ökonomische, soziale und politische Krise Grie-chenlands, die sich zu einem Debakel zu entwickeln droht und so auch ständig medial inszeniert wird. Es ist für mich ein Beispiel des erbarmungslosen Um-gangs mit den Schwachen in einer globalen kapitalis-tischen Welt. Darüber einen historisch-kritischen Es-say zu schreiben schien mir notwendig und erhellend zu sein.

Julian Huxley (1887–1975), der große englische Zoologe, Philosoph, Visionär und erste Generaldi-rektor der UNESCO, hat den Begriff des evolutio-nären Humanismus geprägt und diesen Begriff mit Inhalt gefüllt. In seinem UNESCO-Grundlagentext wies er nachdrücklich darauf hin, dass die zivilisato-rische Weiterentwicklung nur »auf der Basis eines auf den Principien von Wissenschaft und Humanismus beruhenden Rahmenkonzepts gelingen kann«.

Die UNESCO dürfe sich nicht auf die sich gegen-seitig ausschließenden (und hartnäckig bekämpfenden)

8

Religionen bzw. philosophischen Denkschulen stützen, sondern müsse eine kosmopolitische Perspektive entwickeln, *»einen wissenschaftlichen Welt-Humanismus«.* Seine Überlegungen scheinen mir für die Zukunft unserer Zivilisation von größter Bedeutung zu sein. Daher stelle ich einen Gedanken von ihm diesen Essays voran:

Der evolutionäre Humanismus habe nichts zu tun mit Absolutem, einschließlich absoluter Wahrheit, absoluter Moral, absoluter Vollkommenheit und absoluter Autorität. Wir seien durchaus in der Lage, »geeignete Maßstäbe zu finden, auf die wir uns in unseren Handlungen und Absichten beziehen können«.

Diese Maßstäbe gilt es zu suchen und wiederzuentdecken.

Satire Ulk Kalauer

Karikatur Groteske Zote

Kabarett Comedy Sketch

Glosse Humoreske Witz

Parodie Humor Narretei

Eulenspiegelei Persiflage Spott

Nonsens Provokation

Blasphemie Agitprop

Vom Mutig-Sein und Beleidigt-Sein

Wer das Bild des Propheten Mohammed »herstellt« und zeigt, beleidigt alle Muslime dieser Welt. Das ist »koranisches« Urgesetz. Wie der oder die Beleidigten damit umgehen, ist Auslegungssache auf einer nach oben offenen Erregungsskala von null bis Tod dem Beleidiger.

Das ist die Titelseite der ersten Ausgabe von Charlie Hebdo nach dem Mordanschlag. Insgesamt wurde eine Auflage von sieben Millionen gedruckt und verkauft. Vorher war die Auflage 30.000 bis 60.000.

In der Welt des religiösen Irrationalismus, in der ein Gott Befehle erteilt, denen zu gehorchen oberstes

Abb 2: »Alles ist vergeben«

Gebot ist, ist es vorbei mit der säkularen Spaß- und Eventkultur, der sich die westliche, christlich abendländische und kapitalistisch organisierte Gesellschaft mit Wonne hingibt. Nichts ganz ernst meinen und nehmen ist hier das Gebot der Stunde.

Aber die Beleidigten meinen es ernst, verbrennen Flaggen, randalieren vor Botschaften, zeigen Vandalismus, prügeln, drohen die Ermordung an, sprechen Fatwas (geistliche Tötungsbefehle) aus und schreiten zur äußersten Tat wie in Paris oder an anderen Orten. Sie sind ein Teil der übergroßen Anzahl perspektivloser Jugendlicher in den islamischen Ländern, aber nicht nur dort. Experten wie Gunnar Heinsohn sprechen von »youth bulge«. Er zitiert Samuel Huntington aus dessen vielbeachtetem Buch *Kampf der Kulturen.*

»Das riesige Reservoir an oft beschäftigungslosen Männern zwischen 15 und 30 Jahren ist eine natürliche Quelle der Instabilität und Gewalt innerhalb des Islam wie gegen Nichtmuslime. Welche anderen Gründe auch sonst noch mitspielen mögen, dieser Faktor allein erklärt zu einem großen Teil die muslimische Gewalt.«

Einige Leser werden vermissen, dass ich nicht sofort von Terroristen spreche oder wenigstens von Dschihadisten oder von Salafisten und nicht einmal dem »Mainstream-Sprech« vom Missbrauch der Religion zu folgen geneigt bin, sondern die Dinge klar benennen möchte. Eine eintausendvierhundertjährige Religion mit einer kryptischen heiligen Schrift, dem Koran, und daraus abgeleiteten Gesetzen und Regeln für alles und Zigtausenden Priestern und Theologen und heiligen Männern wird keinen Spaß auf ihre Kosten verstehen.

Wir können es mittelalterlich nennen oder, wie Abdel Hamed-Samad, vom »islamischen Faschismus« – ein hartes Wort – sprechen, aber es ist Fakt. Wohlmeinendes Multikulti-Getue und ebensolches Gerede und schöne, falsche Sätze wie *»Der Islam gehört zu Deutschland«* werden nicht automatisch einen säkularen Wandel der Muslime bewirken, nicht einmal bei denen, die im Westen leben, aber sich als religiös einstufen.

Ich versuche einen Zwischenruf, um ein wenig Ordnung in das mediale Chaos oder Verwirrspiel zu bringen und etwas tiefer in die Welt des Spaßes, oder sollte ich besser sagen, der Bespaßung einzudringen und Mutig-Sein und Beleidigt-Sein besser verorten zu können. Der gegenwärtige Zustand der Zivilisation scheint mir mit dem Begriff Amnesie gleich Verwirrtheit annähernd richtig umschrieben zu sein.

Dies soll aber kein Pamphlet sein, man ist leicht geneigt, dorthin abzugleiten. Ich wollte nach diesen Vorgängen das Reden (und Schreiben) verweigern, ähnlich Heinrich Bölls Dr. Murke in *»Dr. Murkes gesammeltes Schweigen«*, einer satirischen Betrachtung des öffentlichen Rundfunks des Jahres 1955, aber auch eine Abrechnung mit ehemaligen Nazis, die sich mühelos an die neue Zeit anpassten.

Was denn wäre auch noch zu sagen, hinzuzufügen, »beizuzwitschern« (twittern), zu »facebooken« oder zu »bloggen« im digitalen Universum angesichts des schieren Wahnsinns und seiner medialen Performance. Wer noch denken will und kann und sich, torkelnd im medialen Gebrumm, grausen möchte, lies nach. Ich stelle eine mediale Collage nach den Ereignissen von Paris zusammen. Den wenigen besonnenen Köpfen in diesem Wahnsinn gehört meine Wertschätzung. Es sind die Differenzierer und Differenziererinnen mit sicherem Instinkt für das, was sich ereignet, und für die Konsequenzen, die sich daraus ergeben.

Zu diesen gehört zweifellos Iris Radisch, eine anerkannte Journalistin der Wochenzeitung DIE ZEIT. Wie sie sich mit »Je suis Charlie« und den politischen und medialen Konnotationen auseinandersetzt, kann anderes vergessen machen; es versöhnt und bestärkt mich in meinen Reflexionen.

Ich werde mich auf meine Art damit befassen, subjektiv und wütend, aber es soll eine ethisch induzierte Wut sein, wenn das ohne Widerspruch möglich ist. Es ist meine feste Überzeugung und es entspricht meinem evolutionären Humanismus im Sinne von Julian Huxley, dass Menschen kraft Verstandes zu ethischem Handeln fähig sind.

Zunächst die Fakten: Drei junge Franzosen, Muslime mit »Migrationshintergrund«, also Einwandererkinder, haben sich einem fundamentalistischen Islam angeschlossen, wie es weltweit, vor allem in den muslimischen Ländern von Afghanistan bis Nigeria geschieht, haben sich radikalisiert, sind sogenannte Dschihadisten, heilige Krieger, Gotteskrieger für Allah und den Propheten, geworden, haben sich vielleicht den fundamentalistischen Organisationen al-Qaida oder IS (Islamischer Staat) angeschlossen oder sind von dort ideologisch und vielleicht sogar logistisch unterstützt worden, haben vielleicht sogar in deren Namen und in deren Auftrag gehandelt und haben das Tötungsgebot des Koran gegenüber Nicht-, Un- oder Andersgläubigen oder Ketzern und Prophetenbeleidigern in die blutige Tat umgesetzt. Siebzehn Menschen töten sie bestialisch, bis sie selbst im Kugelhagel als Selbstmörder, aber nach eigenem Selbstverständnis und weiten Teilen ihrer Glaubensfreunde als Märtyrer sterben. Das Ganze geschieht am 7. und 8. Januar 2015 in Paris, also mitten im Westen, im»christlichen« Abendland.

Der Anschlag galt den Karikaturisten eines kleinen Satiremagazins, Blasphemikern schlechthin, den Lächerlich-Machern von allem und jedem, den Beleidigern des Propheten, des Papstes und der Talmud-Juden, säkularen Journalisten mit scharfem, vulgärem, antireligiösem, antiautoritärem und vor nichts und vor niemandem zurückschreckendem Satirestil und ebensolchen Zeichnungen, Bildtiteln und Texten. Ihr Vergehen aus der Sicht der Mörder war es, »Heiliges« und den Propheten lächerlich karikiert zu haben. Das ist zu viel für orthodoxe, fundamentalistische Muslime mit weitgehendem religiösem Analphabetismus und fehlendem humanistischem Ethos, die dazu vielleicht ohne Perspektiven und sozial abgehängt und verunsichert sind, aber umso mehr mit Allmachtsfantasien und Paranoia und psychopatischer Disposition ausgestattet und im Wahnglauben auf paradiesische Freuden befangen sind.

Und so töten sie im Namen ihres Gottes, eiskalt, gnadenlos und unbarmherzig wie die Henker des IS, die Attentäter und Mörder in Pakistan, Nigeria, Somalia, Kenia, Afghanistan und überall, wo sie Macht haben und in den USA und anderen westlichen Ländern. Sie ermorden die journalistischen Beleidiger und Ketzer und rächen ihr beleidigtes Prophetchen und ihren Größten, Allah. Sie geben aber auch ein zweites deutliches Statement ab: Auch die Un- und Andersgläubigen stehen auf unserer Abschussliste, hütet euch, ihr Bekehrungsunwilligen oder die ihr euch anmaßt, den Judenstaat Israel, unseren Erzfeind, als euer Land zu betrachten.

Der genau kalkulierte Mord an den vier jüdischen Männern im koscheren Supermarkt ist ein solch starkes Statement, und zwar ein doppeltes: Neben der anderen Religion zielt es auf das gesamte ethnische Judentum und politisch auf den Staat Israel. Diese Dschihadisten sind zwar Idioten, aber gänzlich dumm sind sie nicht. Dass es bei diesem Mordanschlag auch einige unbeteiligte Kollateraltote gibt, wird Allah verzeihen, ich weiß, das ist eine billige Sottise.

Was nach dieser Bluttat geschieht, bedarf der Sortierung oder intellektuellen Einordnung, ansonsten ist es in der Unübersichtlichkeit der medialen und gesellschaftlichen Prozesse kaum noch zu verstehen.

Ich schicke ein Gedankenexperiment voraus. Alle Science-Fiction-Enthusiasten werden es begeistert aufnehmen. Stellen wir uns einen Moment vor, ein Außerirdischer, Bewohner eines fernen Planeten, Herr über Raum und Zeit, da schon hundert Millionen Jahre Evolutionsgeschichte hinter ihm liegen, landet auf unserem Planeten.

Da er ungleich intelligenter ist als Homo sapiens, kann er selbstverständlich alle Sprachen verstehen und alles, was der Homo auf seinem Planeten anstellt, richtig einschätzen, und zwar unmittelbar. Er sieht, dass der Homo sapiens über beachtliche technische und intellektuelle Fähigkeiten verfügt, gigantische Städte baut und die dazu notwendige Infrastruktur geschaffen hat. Er sieht, dass ein beträchtlicher Teil dieser Spezies, sagen wir ein Fünftel, alle diese Errungenschaften für ein sehr gutes Leben nutzen kann. Er sieht aber auch, dass die Möglichkeiten für ein artgerechtes und gutes Leben sehr ungleich verteilt sind. Er sieht überall Unfrieden, Streit, Kampf und Krieg und er fragt sich, warum der Homo sapiens es nicht weiser hinkriegt. Er erkennt, dass diese Spezies die Fähigkeit zum Überleben hätte, er sieht aber, dass da außer den Genen noch etwas in ihnen ist. Sie nennen es Glauben oder Religion. Richard Dawkins hat dafür die treffende Bezeichnung »Meme« (gelernte Kulturgewohnheiten) geprägt. Sie glauben an Gott oder Götter und hoffen auf ewiges Leben oder Wiedergeburt oder Karma. Er sieht, wie diese Vorstellungen den Menschen vom friedlichen Lösen der Überlebensfragen abhalten. Seine Diagnose lautet: schwere Amnesie (s. o.). Er verlässt diesen Planeten, den auch er als ausnehmend ästhetisch schön empfindet, mit der Erkenntnis: So werden sie es nicht hinbekommen.

Zurück in der Wirklichkeit. Nach dem Anschlag von Paris ist die Welt im Ausnahmezustand. Die digitale Kommunikation überschlägt sich und schafft in kürzester Zeit eine nach Millionen zählende Anhängerschaft, in der digitalen Welt spricht man von »Followers«. Ihre gemeinsame Losung lautet: Je suis Charlie – Ich bin Charlie. Wenige Tage später kommen eineinhalb Millionen Menschen (und weitere drei Millionen im ganzen Land) sowie etwa fünfzig Staatsoberhäupter und Regierungschefs in Paris zur größten Demonstration für die Freiheit der Meinung und gegen religiös induzierten Terror zusammen. Solidaritätsbekundungen finden in vielen Ländern statt.

Fünf Millionen Hefte des Satireblattes werden gedruckt (vorher waren es 60.000) und reißend abgesetzt, auch in Deutschland. Die Sicherheitsstufen werden in allen westlichen Ländern erhöht, in Belgien greifen Sicherheitskräfte auf eine islamistische Zelle zu, erschießen zwei Personen und finden Waffen und Anschlagspläne.

In Dresden wird die Montagsdemo der unsäglichen »Bewegung«, deren Namen an dieser Stelle auszusprechen ich als Beleidigung der Opfer von Hass und Ausgrenzung betrachte, wegen einer Anschlagsdrohung abgesagt. In Frankreich herrscht unter der jüdischen Bevölkerung eine große Angst, die Leichen der ermordeten vier jüdischen Männer werden nach Israel überführt und dort beerdigt, eine weitere Anzahl französischer Juden will nach Israel auswandern.

In vielen muslimischen Ländern werden die Mörder als Helden und Märtyrer gefeiert, jugendliche Muslime im Westen bekunden unverhohlen Sympathie. In der islamischen Welt geht das Kämpfen unvermindert weiter, dort wird die Lage immer verworrener, unübersichtlicher und unlösbarer.

Wer kämpft gegen wen, wer ist mit wem verbündet, wer unterstützt wen? Genau weiß es niemand mehr. Nur die deutsche Verteidigungsministerin Ursula von der Leyen, bekannt als Super-Mutter und Multitalent der Politik, kreiert eine unfreiwillige Satire, ich nenne es Realsatire, als sie beim Besuch kurdischer Peschmerga-Kämpfer im Irak neben einem Kämpfer und einem deutschen Ausbilder hockt, der diesen gerade am deutschen MG-42 für den Kampf gegen den IS ausbildet. – Bleibt irgendwem das Lachen im Hals stecken?

Abb 3: Ministerin bei der MG-Ausbildung in Erbil

Der neue Slogan deutscher Außen- und Sicherheitspolitik lautet: Deutschland wird in Afghanistan, der Türkei, Kurdistan, Irak, Somalia usw. verteidigt. Das ist die neue Doktrin der sogenannten Verantwortungsübernahme, formuliert vom ehemaligen Verteidigungsminister (»Deutschland wird am Hindukusch verteidigt«), dem Bundespräsidenten, dem Außenminister und eben der jetzigen Verteidigungsministerin. Es begann mit Waffenlieferungen in die Krisenregionen ohne Parlamentsbefassung. Wo soll das enden? Wissen wir (sie), wer die Guten und wer die Bösen sind? Eine noch hässlichere Form einer solchen Satire, ich nenne sie lieber eine Groteske, liefert das Fernsehen, als es Bilder vom angeblichen russischen Hilfskonvoi der zweihundert Lastwagen in die Rebellenprovinz der Ostukraine überträgt und einen russischen Popen ins Bild rückt, der die weiß lackierten Lastwagen beim Vorüberfahren mit Weihwasser besprengt.

Ich bin abgeschweift und komme zum Thema zurück. Können die europäischen »Charlies« unsere westliche Freiheit verteidigen? Oder bedarf es dazu genauerer Analysen der Ursachen aller Desaster, die die Zivilisation gegenwärtig plagen und an den Rand des Abgrunds bringen? Und bedarf es nach den Analysen nicht eines gewaltigen Umdenkens und Umsteuerns? Ich weiß und ich befürchte, dass es so ist.

Der Begriffscluster am Beginn soll den Blick auf die Verteidigung von Freiheit und Vielfalt lenken, eben auf das säkulare Miteinander, zu dem Witz, Satire, Comedy usw. unabdingbar gehören. Unser bekannter Kabarettist und politischer Satiriker Dieter Hildebrandt aber

Abb. 4: Der Pope segnet den Hilfskonvoi

hat am Ende eines langen kabarettistischen Kämpfer-
lebens wehmütig erkannt und bekannt, dass er nichts
verändert hat, vor allem nicht »die Verhältnisse«. So
mag es dem Kom(m)ödchen, den Stachelschweinen,
der Münchener Lach- und Schießgesellschaft, den
Wühlmäusen und den unzähligen Kabarettisten, Karikaturisten und Satirikern auch vorkommen, die sich
jeden Tag in unseren Zeitungen und im Fernsehen
oder auf YouTube präsentieren und abmühen.

Satire ist bei uns wohlfeil, sie kostet natürlich Zeit
und Kreativität, aber nicht das Leben. Sie ist Unterhaltung und Belustigung. Aber es gab andere Zeiten,
da war es bitterernst im Kampf um Meinungsfreiheit
und Gerechtigkeit. Satire, Witz oder Kabarett erfor-
derten Mut. Die Karikaturisten des linken Satiremagazins »Der Wahre Jakob« am Ende der Weimarer
Republik, der Schriftsteller und Satiriker Kurt Tucholski oder der Kabarettist Werner Fink fallen mir
als Beispiele ein, sie waren geistreich widerständig
oder kämpften gegen die Nazis und den Faschismus,
aber auch sie vergebens. Die Hitlerkarikatur von 1932
und das Spottgedicht auf Josef Goebbels, einen der
großen Naziverbrecher, seien hier in Erinnerung ge-
rufen.

Joebbels

von Theobald Tiger alias Kurt Tucholski, 1931

Wat wärst du ohne deine Möbelpacker!
Die stehn, bezahlt un treu, so um dir rum.
Dahinter du: een arme Lauseknacker,
een Baritong fort Jachtenpublikum.
 Die Weiber – hach die bibbern dir entjejen
 un möchten sich am liebsten uff'n Boden lejen!
 Du machst un tust un jippst da an …
 Josef, du bist'n kleener Mann.
Mit deim Klumpfuß seh mal, bein andern
da secht ick nischt, det kann ja jeder ham.
Du wißt als Recke durch de Jejend wandern
Und passt in keen Schützenjrahm?
 In Sportpalast sowie in deine Presse,
 da haste eine mächtig jroße Fresse.
 Riskierst du wat? De Schnauze vornean.
 Josef – du bist'n kleener Mann.
Du bist mit irgendwat zu kurz gekomm.
Nu rächste Dir, nu lechste los.
Dir hamm se woll zu früh aus Nest jenomm!
Du bist keen Heros, det markierste bloß.
 Du hast n Buckel, Mensch – du bist nich richtich!
 Du bist bloß laut – sonst biste jahnich wichtig!
 Keen Schütze – een Porzellanzerschmeißer,
 keen Führer biste – bloß n Reißer,

Josef, - du bist een jroßer Mann - !

Mutig, sehr mutig, das hätte ihn sicherlich nach der Machtübernahme 1933 das Leben in einem KZ oder Gestapo-Keller gekostet, aber er flüchtete vorher ins Exil nach Schweden, wo er 1935 Selbstmord beging. Tucholski war Jude und hätte auch ohne seine Widerständigkeit wahrscheinlich sein Leben im Holocaust wie sechs Millionen europäischer Juden verloren. Angesichts dieses Menschheitsverbrechens der Deutschen unter der Nazi-Diktatur verbietet es sich eigentlich für Deutsche, heute in unbegrenzter Freiheit die Freiheit der Presse, der Kunst, der Satire oder der Religion einzufordern oder »Charlie« sein zu wollen. Aber die Forderung ist wichtig, weil die Freiheit bedroht ist, schon wieder oder immer noch.

Die Karikaturisten des »Wahren Jakob« traf ein ähnliches Schicksal wie alle, die gegen die Nazis durch Wort und Schrift Widerstand geleistet hatten, als diese an die Macht kamen. Wer nicht rechtzeitig floh, wanderte in die Schutzhaft, wie man die Lager euphemistisch zunächst benannte. Ihr Schicksal war ungewiss, viele überlebten die Torturen nicht.

Hier schreibe ich zum leichteren Lesen den persiflierenden Text zur Karikatur.

»Die verschiedensten Kreise fordern die Ausweisung Hitlers. Wir wenden uns mit Entschiedenheit gegen diese Forderung! Man kann unsere Beziehungen zum Ausland nicht dadurch beschädigen wollen, dass man irgendeinem Staat diesen Mann aufhalst!«

24

Abb. 5: »Den kann man niemandem zumuten!«

Werner Fink war ein anderer Typ Kabarettist, Humorist, Schauspieler und Schriftsteller. Auch er hasste die Nazis, versuchte seine Abneigung aber durch hintersinnigen Witz und seine Scharfzüngigkeit zu verschleiern, was oft gelang, aber nicht immer. So geriet er schon bald ins Visier von Goebbels und seiner Reichskulturkammer, der jeder Künstler anzugehören hatte. Eine Haft im SS-Gefängnis blieb ihm nicht erspart. Goebbels hasste ihn und hätte ihn sicherlich vernichtet, wenn, ja wenn Werner Fink sich nicht freiwillig zur Wehrmacht gemeldet hätte und dort einigermaßen in Sicherheit war.

Eine Begebenheit schildert er selbst. Er war mal wieder bei der Gestapo vorgeladen. Der Wachhabende am Eingang fragte streng: »Haben Sie Waffen?« Darauf Werner Fink trocken und schlagfertig: »Braucht man hier welche?« Nicht ungefährlich, man möchte das Gesicht des Wachhabenden vor Augen haben. Ein weiteres Beispiel für listige Widerständigkeit ist verbürgt. In seinem Kabarett »Die Katakombe« saß wieder einmal ein Gestapospitzel und notierte eifrig alles, was auf der Bühne passierte. Werner Fink bemerkte ihn und sprach ihn unverhofft an: »Kommen Sie mit oder muss ich mitkommen?«

Bei der Wehrmacht wurde er als Tastfunker ausgebildet. Eines Tages ließ ihn der General zu sich kommen, der ihn jovial anbiedernd begrüßte: »Sie sehen, ich schreibe auch Autogramme«, eine Anspielung auf Finks Popularität. »Sie sollen so nette Gedichte machen, sagen`se mal eins auf!« Als Fink anfangen will, klingelt das Telefon des Generals, er telefoniert, bedeutet Fink aber, er solle ruhig anfangen. Fink beginnt:

»Die Märchenfee

Gestern trat ein Fräulein an mein Bette

und behauptete, die Märchenfee zu sein.

Und sie fragte mich, ob ich drei Wünsche hätte,

und ich sagte, um sie reinzulegen: NEIN!«

Das ist Nonsens und von ihm auch so gemeint und es schwingt ein wenig Verachtung seines Gegenübers mit. Man stelle sich diese Situation vor, die Fink nach dem Krieg spitzbübisch anekdotisch zum Besten gab. Der General habe ihn daraufhin zur Truppenbetreuung vorgesehen, er aber habe sich lieber zur Front gemeldet, nicht weil er ein Held sein wollte, sondern weil er dieser dämlichen Blasiertheit entgehen wollte, ich sage, dem **Schenkelklopfen in der Hölle**. Das ist eine andere Art von Humor, er selbst nannte es Eulenspiegelei.

Jeden Tag erscheinen in unseren Medien und im digitalen Netz Tausende von Karikaturen, satirischen Texten, Glossen, werden Honoratioren und Celebrities oder Promis gnadenlos durch den Kakao gezogen, es ist Unterhaltung pur, einmal kurz ablachen, das war`s. Das aber gilt nur, wenn elementare Rechte garantiert sind, wie sie nur ein laizistischer, demokratisch verfasster Staat garantieren kann. Da aber liegt die große Gefahr, diese Freiheitsrechte wurden und werden auch von den Gegnern der Freiheit ausge-

27

nutzt, von Rassisten und böswilligsten Volksverhetzern. Ich erinnere nur an die braune Kampfpresse beispielsweise des »Stürmer«, dem NS-Hetzblatt, das fürchterlichste antijüdische Karikaturen brachte und dem sich keine liberale Justiz entgegenstellte. Da war die Demokratie schon verspielt, unwiderruflich.

Abb 6: Die Nazi-Hetzer

Das ist übelster Agitprop und hat mit Satire oder Spötterei nichts mehr zu tun. Es war einfach erbärmlich und sprach trotzdem das »gesunde Volksempfinden« an.

Es ist Zeit zum Ausgangspunkt zurückzukehren, zu Charlie Hebdo und den möglichen Lehren daraus. Zuvor möchte ich aber den Großhumoristen der Bonner und Berliner Republik erwähnen dürfen, Vicco von Bülow alias Loriot. Sein Humor kam schmerzfrei daher, z.b. »Wo laufen sie denn« oder »Opa Hoppenstedt« oder »Die Ente gehört mir« oder »Früher war mehr Lametta« oder »Der Vertreterbesuch« oder »Das Jodeldiplom« oder »Die Steinlaus«, eine Persiflage auf den bekannten Tierschützer und -filmer Bernhard Grzimek usw., usw.

Es hatte Hintersinn, verulkte die deutsche Biedermeierlichkeit und Spießigkeit und andere typisch deutsche Persönlichkeitsmerkmale, löste einen unwiderstehlichen Lachreiz aus und war nicht vordergründig aufklärerisch oder gesellschaftsverändernd intendiert, wenn doch, habe ich es verpasst.

Als ich weiter am Text arbeiten will, beginnt der Tag (20. Januar 2015) mit einem echten Aufreger: Alle Medien überschlagen sich. Eine Schlagzeile lautet: Kölner Karneval stoppt Wagen zu »Charlie Hebdo«. Ein Kommentator jammert, dass das eine Zäsur bedeutet, denn bisher habe der Kölner Karneval absolute Narrenfreiheit gehabt und diese auch praktiziert. Schon wieder diese Heuchelei und Geschichtsvergessenheit. Im Dritten Reich hat der Kölner Karneval, lammfromm der Nazi-Doktrin folgend, in übelster Weise nur gegen Juden gehetzt. Das durfte man gefahrlos tun.

Abb 7: Kölner Karneval 1936

Jetzt aber ist die allgemeine Doktrin eine andere: Keine Beleidigung des Propheten in einer ohnehin bis zum Äußersten aufgeheizten Atmosphäre und unter dem Präsidenten- und Kanzlerinnen-Verdikt, der Islam gehöre zu Deutschland. Ein alter, kaum noch angewandter Paragraf unseres Strafgesetzbuches kommt wieder in Mode oder zu neuer Bedeutung, der § 166, der sogenannte Blasphemie-Paragraf: Ich zitiere ihn wörtlich.

§ 166 Beschimpfung von Bekenntnissen, Religionsgesellschaften und Weltanschauungsvereinigungen

(1) Wer öffentlich oder durch Verbreiten von Schriften (§ 11 Abs. 3) den Inhalt des religiösen und weltanschaulichen Bekenntnisses anderer in einer Weise beschimpft, die geeignet ist, den öffentlichen Frieden zu stören, wird mit Freiheitsstrafe bis zu drei Jahren oder mit Geldstrafe bestraft.

(2) Ebenso wird bestraft, wer öffentlich oder durch Verbreiten von Schriften (§ 11 Abs. 3) eine im Inland bestehende Kirche oder andere Religionsgesellschaft oder Weltanschauungsvereinigung ihre Einrichtungen oder Gebräuche in einer Weise beschimpft, die geeignet ist, den öffentlichen Frieden zu stören.

Dieser Blasphemie-Paragraf gehört eigentlich in einer säkularen Gesellschaft abgeschafft. Alle Fundamentalisten und orthodox Religiösen machten gern davon Gebrauch und es fanden immer wieder Strafverfahren statt. Auch vor Künstlern und Autoren wurde keineswegs Halt gemacht, Bestrafungen in Form von Aufführungs- oder Veröffentlichungsverboten gab es häufiger, wenngleich auch die Orthodoxen unter den Religionsanhängern von diesem Paragrafen immer weniger Gebrauch machen, weil die öffentliche Debatte ihnen mehr schadet als nützt. In den sechziger Jahren wurde die Künstlergruppe SPUR verurteilt nach § 166 wegen Verbreitung unzüchtiger Schriften, Religionsbeschimpfung und Gotteslästerung; 1994 wurde die Aufführung des Rock-Comicals *»Das Maria-Syndrom«* von Michael Schmidt-Salomon wegen Gefahr im Verzuge durch eine Ordnungsverfügung der Stadt Trier abgesagt, sein aufklärerisches Kinderbuch: *»Wo bitte geht`s zu Gott? fragte das kleine Ferkel«* wollte eine Ministerin wegen Beleidigung der Religionen auf den Index verbotener Schriften setzen lassen.

In islamischen Staaten geht man mit dem Blasphemie-Vorwurf großzügig um und fällt Todesurteile gegen »Religionsbeleidiger« und vollstreckt sie. Die Mohammed-Karikaturen in der dänischen Zeitung *Jyllands*-Posten lösten einen wahren Entrüstungssturm in der islamischen Welt aus, ob inszeniert oder nicht, der bis zur Erstürmung der amerikanischen Botschaft in Khartum ging. Der dänische Karikaturist muss fortan um sein Leben fürchten.

Soeben wird der Fall eines saudiarabischen Bloggers gemeldet, den ein Gericht wegen Gottesbeleidigung zu zehn Jahren Haft und zu eintausend Stockhieben, die wöchentlich zu je fünfzig öffentlich verabreicht werden sollen, verurteilt hat. Die erste Rate Hiebe wurde bereits verabreicht. Es gibt internationale Proteste. Offiziell umarmt man aber die saudische wahhabitische Monarchie mit ihrem Steinzeit-Islam, die über die größten Ölreserven gebietet. Mir wird allmählich schwindelig von dem immer wieder zu hörenden Spruch, mit Religion habe das alles nichts zu tun oder, wenn es doch etwas damit zu tun habe, dann handele es sich um den »Missbrauch der Religion«. Darüber kann ich nun wirklich nicht lachen.

Jetzt möchte ich Iris Radisch zitieren, die am 13. Januar unter anderem schrieb:

»Es spielt eine Rolle, in welchen Posen die Mörder sich in unsere Köpfe einschreiben. Und es ist entscheidend, ob die Bilder jetzt noch gezeigt werden, die Georges Wolinski, Jean Cabut, Stephane Charbonnier und Bernhard Verlhac so viel bedeutet haben, dass sie ihr Leben dafür riskiert haben, sie zu veröffentlichen. Wenn die Mehrzahl der großen Zeitungen und Nachrichtenseiten jetzt – aus sehr nachvollziehbaren, allzu menschlichen Gründen (es ist ja gut, dass wir im postheroischen Zeitalter leben) – davor zurückschreckt, ist das schon ein kleiner Sieg im Bilderkrieg.«

Diesen Sieg darf es so nicht geben, wollen wir alle unsere säkularen, laizistischen und aufklärerischen Errungenschaften nicht aufs Spiel setzen. DIE ZEIT hat vierzehn anerkannte Karikaturisten zu dem Mord von Paris Karikaturen zeichnen lassen und diese ins Netz gestellt, auch so kann Solidarität aussehen.

Noch wichtiger aber wird für unsere Zukunft sein, wie der öffentliche Diskurs darüber geführt wird, welche Implikationen sich daraus ergeben für das demokratische, zivile Leben in einer Gesellschaft wie der deutschen. In der neuen Unübersichtlichkeit erfordert es einen klaren, aber auch scharfen Blick. Ich schicke meinen Leserbrief an DIE ZEIT voraus:

17. Januar 2015
Wofür wir kämpfen müssen? »Meine« ZEIT hat es erkannt, für nicht mehr und nicht weniger als für unsere Zivilisation, die

eine freie und aufgeklärte sein will. In insgesamt zwanzig Bei-
trägen, wenn ich`s recht gezählt habe,»kämpfen« Ihre Journa-
listen um Aufklärerisches, Säkulares und Religiöses, auch um
ein differenziertes Bild vom Islam, gut, sorgfältig abwägend,
intellektuell beeindruckend als Qualitätsmedium, wie man es
in diesen aufgewühlten Zeiten erwartet. Warum der Beitrag von
Abdel Hamed-Samad im Feuilleton nicht im Inhaltsverzeich-
nis aufgeführt wird, bedürfte einer Erklärung, falls es nicht
nur ein Versehen ist. Er gehört zu den schärfsten und kundigs-
ten Kritikern des Islam und er wird von einer Fatwa bedroht.
Die falschen Töne, die Giovanni di Lorenzo hört, habe ich
auch bemerkt, wie zu erwarten, es wäre auch zu schön, wenn
alle»Charlies« säkulare Aufgeklärte wären, aber sie haben
sich zu den westlichen Verfassungswerten bekannt und Frei-
heit als das Schlüsselwort einer offenen Gesellschaft entdeckt,
das lässt hoffen. Dass»wir« für den modernen Islam kämpfen
sollen, wie Bernd Ulrich meint, vermag ich nicht nachzuvoll-
ziehen, auf die fundamentalistischen islamischen Staaten ha-
ben wir keinen Zugriff, auf die zerfallenden schon gar nicht.
Die westlichen Muslime haben verstanden, dass aus ihrer
Mitte heraus der Wandel erfolgen muss. Ich bleibe skeptisch.
Das wird mit Allah und Mohammed in dogmatischer Inter-
pretation nicht gelingen. Daher werde ich den Satz, der Islam
gehöre zu Deutschland, so uneingeschränkt nicht übernehmen.
Die hier lebenden Muslime gehören wie alle anderen Religiösen
und Religionsfreien zu unserer Verfassungsgemeinschaft, das
ist die Basis. Herr Joffe liegt mit seinem Beitrag richtig, wenn
er vom»Kampf der Kulturen« spricht, warum er daraus aber

die »Kultur des Kampfes« machen zu müssen glaubt, kann ich nicht nachvollziehen. Man muss Samuel Huntington mit seinem »clash of civilization« nicht eins zu eins übernehmen, kann ihn sogar völlig ablehnen, aber es ist schon was dran. Allerdings passt das nun ganz und gar nicht zu Joffes Kolumne der Vorwoche. Außerdem sollte er seinen Houellebecq-Verriss mit der Kollegin Iris Radisch diskutieren, lesen werde ich das Buch sicher. Zwei Beiträge haben mir besonders gut gefallen, weil sie essayistisch zum Kern des Problems mit dem Islam (und Charlie Hebdo) gelangen: Evelyn Finger: Ist Blasphemie erlaubt? Verteidigung einer aufklärerischen Errungenschaft, mir fallen dazu die Pussy Riots in Russland ein, und Sabine Rückert: Für Lieben und Lachen und für die Freiheit der Frauen. Dazu eine erhellende Begebenheit. In einem Hotel in Österreich essen beim Frühstück zwei muslimische Paare am Nebentisch, die drei Frauen im Ganzkörper-Schwarz nur mit schmalem Augenschlitz. Unsere vierjährige Enkelin kann den Blick vom merkwürdigen Gebaren dieser Frauen nicht abwenden und fragt schließlich verwirrt: Warum gucken die nur mit den Augen? Natürlich haben wir eine kindgemäße Antwort gegeben. Bei mir allerdings sind Fragen geblieben. So auch an Ihre Redaktion: Warum der Beitrag des Berufstheisten Bedford-Strohm, des neuen Ratsvorsitzenden der evangelischen Kirche, noch sein musste, dem neuen theologischen Liebling der Medien. Hat er Erhellendes gesagt außer der üblichen Toleranz-Suada? Aber die Seite heißt nun mal Glauben & Zweifeln. Im Moment sehe ich die Staaten Europas im Zustand kollektiven Hyperventilierens, Deutschland hat dazu noch

35

eine »Bewegung« von Angstneurotikern und Rechtslastigen, die sogar das Unwort des Jahres aus Kaiserreich- und Nazi-Presse wieder zum Leben erweckt haben. Man kann auch mit Schweigen dagegenhalten, solange eine Mehrheit auf dem aufgeklärten, säkularen Weg bleibt.

Um es dem Leser nicht vorzuenthalten: Gemeint ist das Unwort »Lügenpresse«. Der Brief bezieht sich auf die Ausgabe der ZEIT vom 15. Januar 2015. Mein Hinweis auf die Kolumne des Zeitherausgebers Josef Joffe gilt dessen überschwänglicher Einschätzung der glänzenden Perspektiven des westlichen Wirtschafts- und Gesellschaftsmodells in Gegenwart und Zukunft vor dem Anschlag, bei der er sich meines Erachtens grandios irrt. Giovanni di Lorenzo ist Chefredakteur (mit Migrationshintergrund). Houellebecqs Buch heißt »Unterwerfung«.

Die Journalisten der ZEIT haben, wie durch ein Kaleidoskop blickend, auf höchstem intellektuellem Niveau jeweils ein anderes Bild der Religion(en), des Islam, der Bedrohung(en), der Zumutungen, der Perspektiven für die Zukunft, der Befriedungsstrategien gezeichnet oder besser den Focus auf einen bestimmten Aspekt dieses gesamten Problemkomplexes gerichtet.

Das wird den Diskurs befördern. Vielleicht erwachsen daraus sogar politische Lösungsansätze für eine säkulare Gesellschaft hier, die friedlich, tolerant und respektvoll miteinander lebt. Es gibt gute Ansätze, aber mindestens ebenso viel vermintes Gelände. Bernd Ulrich würde es schon als Gewinn verbuchen, wenn jemand beim Gang durch seine Stadt und beim Anblick einer Moschee denkt (oder sagt): *»Eine Moschee? Ja klar.«*

Das wäre ein ganz kleiner Nenner, aber immerhin ein Anfang, ohne gleich wieder die Zugehörigkeitsbehauptung in Anspruch nehmen zu müssen. Die ist eher hinderlich und akademisch, zugehörig ist der Islam kulturell historisch nicht, faktisch gibt es ihn durch Einwanderung seit fünfzig Jahren. Also sind die Muslime Teil der heutigen bundesrepublikanischen Gesellschaft, sicher, genauso aufgehoben im Schoß unserer Verfassung wie alle anderen Bürger dieses Landes. Das ist aus soziologischer Sicht in jedem Fall richtig. Ob daraus bereits die notwendige Akzeptanz für die religiösen Ausprägungen und politischen Implikationen des Islam in den westlichen Gesellschaften insgesamt und nicht nur bei den Eliten erwächst, muss bei der gegenwärtigen Weltlage ungewiss bleiben.

Es bleibt jedenfalls weiterhin unklar, welcher Islam gemeint sein soll, der Islam, der säkular angepasst unter uns lebt, der nicht aneckt, sich nicht anheischig macht, nicht orthodox-fundamentalistisch daherkommt, der keine Sonderrechte einfordert, der die Gesellschaft nicht immer wieder verblüfft und verwirrt mit immer anderen Auslegungen des Korans

und der zugehörigen Hadithe (Sprüche und Über-
lieferungen des Propheten), der außer bestimmten
Bekleidungen, meist für Frauen, oder orientalischem
Äußeren nach außen hin nicht in Erscheinung tritt
und der sich verborgen hinter den Türen der Mo-
scheen oder im familiären Bereich abspielt.

Warum dann ein solches Misstrauen oder gar
die Ablehnung der Zugehörigkeitsbehauptung? Die
Gesellschaft muss offener sein, sagen die einen, die
Streiter für die »Bunte Gesellschaft«, die Integra-
tionsbemühungen und Integrationseinrichtungen
müssen optimiert werden, sagen andere, und wieder
andere wollen es dem Bildungssystem und dem Is-
lamunterricht an den öffentlichen Schulen überant-
worten, eine probate Lösung bei schwierigen gesellschaftlichen Problemen. Die Hoffnung lautet dann:
Mehr Wissen wird mehr Verständnis erzeugen, dann
folgt alles Weitere.

Aber selbst erklärte Liberale zögern nicht, gegen
»Hassprediger«, Salafisten und Dschihadisten alle
Mittel des Rechtsstaates auszuschöpfen und strenges
Strafrecht anzuwenden. Entsprechende Überschriften
in den Medien zeigen den Weg oder sollen ihn zeigen:
»Für liberale Stärke« oder »Mehr Prävention« oder Jörg
Lau schreibt in der ZEIT gar »*Für die Macht Europas*«
im Kampf gegen islamistische Bedrohungen, gewiss
starke Worte, aber auch Metaphern und Worthülsen.
Dem allen kann und muss man zustimmen, es ist

mehrheitsfähig in unseren Demokratien und es beseitigt dennoch nicht die Angst und die Ablehnung des Islam in weiten Teilen der Gesellschaft.

Es ist ein Schichten-, man könnte auch sagen ein Bildungsproblem, aber was sagt das und wem hilft diese Feststellung. Unser Medien- und Bildungs-Establishment denkt, redet und schreibt aufgeklärt und liberal, der deutsche Stammtisch tut es nicht, sondern redet Klartext. Ich fürchte, dass es zwischen diesen beiden Ebenen keine Verständigungsmöglichkeiten gibt, und das hat nichts mit der aktuellen »Montagsbewegung« zu tun, sondern diese ist der sichtbare Beweis für die unterschiedliche Wahrnehmung der Realitäten.

Der Schriftsteller Durs Grünbein hat dazu einen kleinen Essay geschrieben, wie er die Vorgänge in seiner Geburtsstadt Dresden bewertet:

»Was ist dieses Volk heute, das sich als Hausherr fühlt und alle anderen aus dem Kreis verbannt?«

Er traut sich, entgegen aller »political correctness« etwas auszusprechen, wovor das Establishment und die politische Klasse Angst haben. Durs Grünbein glaubt verstanden zu haben, wovon er spricht:

»Von den neuen Kleinbürgern, Sklaven der Konsumwirtschaft, die um nichts so sehr Angst haben wie um ihr bisschen Besitz (das Auto, den Fernseher, die Couchgarnitur, das Abo im Fußballstadion). Ihre Vulgarität zeigt sich in ihren Forderungen an den Staat, ihren Ansprüchen, die sie mit Zähnen und Klauen

verteidigen.« Ich übernehme auch sein Erich-Kästner-Zitat aus den zwanziger Jahren: *»Es ist nicht leicht, sie ohne Hass zu schildern / und ganz unmöglich geht es ohne Hohn.«*

Wie dem kleinbürgerlichen Kleinmut, der leicht in Aggression umschlagen kann, begegnen? Mit Verständnis und Festigkeit, natürlich. Aber wer kann das?

Die »Bewegung« ist wahrscheinlich bald wieder Vergangenheit, was ihre öffentlichen Auftritte betrifft, nicht aber was das Denken und Fühlen und die Ressentiments und die Angst und die Wut und den Hass angeht.

Seit Jahrzehnten wissen wir um die antisemitische Grundeinstellung von etwa 20 Prozent der deutschen Bevölkerung, die durch die aktuelle Lage im Nahen Osten und den Israel/Palästina-Konflikt verstärkt wird und der den den alten Antisemitismus mit Antizionismus und Israelfeindlichkeit verbindet. Professor Heitmeyer hat rechtes Denken und Fremdenfeindlichkeit bei einem beträchtlichen Teil der bundesrepublikanischen Gesellschaft immer wieder nachgewiesen, und zwar in unzähligen Studien, also ist es kein neues Phänomen und hinter »Deutschland, Deutschland«−Gegröle steht nicht immer nur harmlose Fußballbegeisterung.

Das ist alles bekannt und wird von der politischen Klasse gerne verdrängt, weil es das schöne Bild von Deutschland doch etwas beschädigt. Jetzt bietet sich der Islam auch für diese rechtslastige(n) Gruppe(n) als geeignete Projektionsfläche an und das Thema lässt sich gut mit der Zuwanderungs-, der Flüchtlings- und Asylfrage verbinden, eine fast nicht mehr aufzulösende Gemengelage. Angesicht des Flüchtlingselends und der steigenden Zahlen wird die Lage allmählich dramatisch, weil die Probleme sofort auf der untersten staatlichen Ebene, den Kommunen, ankommen.

Unsere seriösen Medien beschreiben, analysieren, recherchieren und interpretieren, Hunderte Talkrunden versuchen sich an der Klärung oder wenigstens Erklärung dieses gesamten Problembündels, im günstigsten Fall liefern sie einige zutreffende Antworten und im Fernsehen gute Unterhaltung, im schlimmsten Fall produzieren sie oberflächlichen Trash, wie es der Boulevard-Journalismus immer schon macht. Nichts wirkt erhellend und hilfreich, es bleibt alles problematisch und mit gewaltigem Potenzial zur Zerstörung unserer lieb gewonnenen bundesrepublikanischen »alternativlosen« Ordnung.

DIE ZEIT veröffentlicht eine Emnid-Umfrage, sie ist repräsentativ und trägt die beruhigende Überschrift: »Keine Angst vor dem Islam«. Genau hier beginnt das Umfrage-Dilemma. Auf die leicht suggestive Frage: »Stimmen Sie der folgenden Aussage zu? Islamistischer Terror hat mit dem Islam nichts zu tun!«, sagen sechzig Prozent: »Ja, ich stimme zu«, zweiunddreißig Prozent dagegen sagen: »Ich stimme

41

nicht zu«. Grund zum Jubeln? Die Frage nach der zunehmenden Terrorgefahr beantworten sechsunddreißig Prozent mit: »Ja, sie hat zugenommen«, und fünfundfünfzig Prozent mit: »Nein, sie hat nicht zugenommen«.

Was schließe ich daraus? Ohne das Bild vom halb leeren oder halb vollen Glas bemühen zu wollen, stehen sich ein Drittel Angst und zwei Drittel Nicht-Angst gegenüber. Man muss schon sehr optimistisch gegenüber zukünftigen Entwicklungen sein oder bewusst Optimismus verbreiten wollen (was ja nicht das Schlechteste ist), um daraus die oben zitierte Überschrift ableiten zu können.

Wenn von achtzig Millionen Menschen etwa dreißig Millionen sich fürchten und das irgendwie mit dem Islam in Verbindung bringen und fünfunddreißig Prozent sagen, dass sie sich weniger Asylanten für Deutschland wünschen, so ist das ein weiteres Indiz für die Spaltung dieser Gesellschaft. Zwischen den »Eliten« und dem übrigen Volk scheint sich ein Riss aufzutun, der dann in dem verwegen falschen Ruf mündet: »Wir sind das Volk!«.

Sie sind schon auch das Volk der sich Ängstigenden, wobei das ein wirres Knäuel von angstauslösenden Faktoren ist, das sie umtreibt: Abstiegsangst, Angst vor dem Verlust des Arbeitsplatzes, Angst vor Altersarmut, also keine ganz unbegründeten Ängste, und diese sind dann mit der Überfremdungsangst auf irrationale Art verkoppelt. Das Argument, dass es bei uns selbst Menschen in prekären Verhältnissen noch relativ gut gehe, verfängt nicht.

Dass der Islam plötzlich als Angstauslöser mit ins Spiel kommt, mag aus der Sicht eines rational parlierenden Angehörigen des Establishments abwegig erscheinen, ist es aber nicht. Schließlich erreichen der Boulevard und das Trash-Fernsehen nun auch ihre Kinder mit ihrer täglichen »Horror-Picture-Show«.

Die subjektive Seite der Angst ist leider so real wie die objektive und hatte evolutionsbiologisch eine große Bedeutung, weil die Hominiden möglichen Gefahren mit einem rechtzeitigen Hormonschub durch Flucht entkommen konnten. Fremdenangst, Abwehrhaltung, Aggression gegenüber Mitgliedern einer fremden Gruppe stecken leider in unseren Genen. Bei unseren Vettern, den Schimpansen, mit denen wir achtundneunzig Prozent unseres Erbguts gemeinsam haben, kann diese Abwehr sich bis zur Aggression mit Tötungsabsicht gegenüber den eigenen Artgenossen einer fremden Gruppe steigern.

In der kulturellen Evolution gab es vielfältige Versuche, diese Abwehrhaltung abzubauen, zu vermindern und das Aggressionspotenzial zu eliminieren. Es ist nicht gelungen. Hier werden immer wieder die Religionen, vor allem die drei monotheistischen, als leuchtende Vorbilder angeführt. Das Gebot »Liebe deinen Nächsten wie dich selbst!«, das es sinngemäß auch in allen anderen Religionen gibt, hat die Weltherrschaft in den Köpfen der Menschen (noch) nicht übernehmen können. Ich habe an anderer Stelle darüber geschrieben. Bei schonungslosem Blick auf die gegenwärtigen Verhältnisse würde ich aus aufklärerischer Sicht eher von Rückschritten sprechen. An vielen Orten steht der Irrationalismus gegen alle Vernunft.

Im Vorwort zu diesem Buch habe ich aus einem Text von Julian Huxley zitiert, dem Begründer eines evolutionären Humanismus. Für diesen großen Humanisten und Wissenschaftler stand jedenfalls fest, dass nur das der Weg zu einer wirklichen Verständigung unter den Menschen und Völkern sein kann.

Aber ich will zurück zum Islam der Gegenwart. In seinem Beitrag in der ZEIT vom 15. Januar 2015 beschreibt Navid Kermani, anerkannter Wissenschaftler in Deutschland mit iranischen Wurzeln und in diesem Jahr Träger des Friedenspreises des deutschen Buchhandels, praktizierender Muslim, es folgendermaßen:

»Es reicht nicht zu sagen, dass die Gewalt nichts mit dem Islam zu tun habe. In dem Augenblick, da sich Terroristen auf den Islam berufen, hat der Terror auch etwas mit dem Islam zu tun. Wir müssen die Auseinandersetzung mit der Lehre suchen, die heute Menschen weltweit gegeneinander aufhetzt und Andersgläubige ermordet und erniedrigt. Dschihadisten haben in den vergangenen Monaten Hunderttausende

Christen, Jesiden und überhaupt alle Andersdenkenden vertrieben, vergewaltigt, ermordet. Sie haben in Pakistan erst vor ein paar Wochen eine Schule überfallen und 141 Menschen erschossen, die allermeisten von ihnen Kinder. Und am selben Tag, da Dschihadisten in Paris die Redaktion von Charlie Hebdo überfielen, haben Dschihadisten in Nigeria ein Dorf dem Erdboden gleichgemacht und viele hundert, wenn nicht zweitausend Zivilisten massakriert – im Namen des Islam. Der Islam hat immer wieder Wellen der Gewalt erlebt, es gab den Sturm der Mongolen, und es gab den Sturm der Kreuzfahrer. Aber diese Gewalt und diese Barbarei, sie kommen aus unserer Mitte, für sie ist weder der Mossad noch die CIA zuständig.«

Wie soll die westliche, laizistische, säkulare, in großen Teilen religionsfreie Gesellschaft mit Beleidigung und Beleidigt-Sein von Menschen jedweder religiöser Zugehörigkeit umgehen, wie mit offensichtlichen blasphemischen Kränkungen, denn um solche handelt es sich auch aus meiner Sicht?

»Wenn wir wollen«, schreibt Jens Jessen an gleicher Stelle und ich stimme ihm insoweit zu, *»dass Muslime unsere heilige Spott-Tradition hinnehmen, müssen wir auch von unseren eigenen säkularen Eiferern Gleiches verlangen oder in beiden Fällen ausdiskutieren, welche Frechheiten hinzunehmen sind und welche einen hässlichen Überschuss an Aggressivität enthalten«.*

Das sollten die westlichen Gesellschaften leisten können, es würde aber leider keines der von Kermani aufgeführten Gräuel verhindert haben, weil das eine mit dem anderen nicht zu vergleichen ist, bis auf die todbringende Gewalt.

Aber obwohl Pakistan und Nigeria, um nur diese zu nennen, weit entfernt scheinen, entfalten die Taten auch hier bei uns ihre unheilvolle Wirkung: Angst, Entsetzen, Abscheu und Abwehr. Viele Ursachen der Gewalt haben wir angesprochen, eine möchte man ausklammern, sie scheint nicht mehr zeitgemäß, uralt, überholt, mittelalterlich. Sie ist es nicht und war es nicht. Ich spreche die drei monotheistischen Religionen an. Potenziell können sie friedlich neben- und miteinander leben, sie haben es in der Vergangenheit bis in unsere Gegenwart hinein nicht geschafft. Es ist ein Gift, das wirkt:

Es ist der latente Antisemitismus vorwiegend in christlichen Gesellschaften, es ist der nicht lösbare Dauerkonflikt zwischen Juden und muslimischen Palästinensern im Nahen Osten, es waren die Juden-Pogrome, die das ganze Mittelalter über in ganz Europa immer wieder aufflackerten und sicherlich Hunderttausenden Juden das Leben gekostet haben, und es war schließlich als absoluter Tiefpunkt europäischer und deutscher Geschichte die Ermordung von sechs Millionen europäischen Juden durch das nationalsozialistische Deutschland. Und, bitte, sagen wir nicht, ja, die Nazis, nein, es war das zu fast hundert Prozent christlich geprägte Deutschland, in dem es geschah, coram publico, vor aller Augen. Und jetzt erleben wir die »Heiligen Kriege« der muslimischen Gotteskrieger gegen die Ungläubigen (aber auch gegen die eigenen anderen) in vielen Ländern. Denkt man für einen Augenblick den religiösen Kontext weg, was bliebe dann von diesen Konflikten übrig? Eine heile Welt? Sicherlich nicht, aber eine andere.

Da ich Köln und den Karneval erwähnt habe, will ich an ein historisches Ereignis erinnern. Im von Kriegen und Konflikten geplagten 14. Jahrhundert breitete sich in ganz Europa die Pest aus und vernichtete mindestens ein Drittel der Bevölkerung. Daraufhin kam es in sehr vielen Städten Europas zu den schlimmsten Judenpogromen seit langer Zeit.

In Köln drang 1355 der christliche Mob in das Juden-Ghetto ein, zerstörte das gesamte Viertel einschließlich der prächtigen Synagoge, plünderte, was werthaltig war, und tötete die gesamte jüdische Bevölkerung, sofern sie sich nicht rechtzeitig in Sicherheit bringen konnte. Für die nächsten fünfhundert Jahre blieb Köln »judenfrei«, bis sich unter Napoleon um 1800 wieder Juden in Köln ansiedeln durften und es auch taten.

»Wir fliegen zum Mond und nicht ins Mittelalter«, lautet dann das ebenso platte wie geschichtsvergessene Verdikt. Dass zu Beginn des dritten Jahrtausends der Islam eine weltweite Bedrohung darstellt, können auch die Gutmeinendsten nicht mehr in Abrede

stellen, es ist sicherlich der allgemeinen Weltlage geschuldet, es ist die Folge des wirtschaftlichen Abge-
hängt-Seins, es ist die nicht gelungene Anpassung an
die Moderne, aber es ist auch eine immanente Nei-
gung, die Religion gewaltsam auszubreiten oder sie
gegen Anders- oder Ungläubige zu verteidigen. Ich
möchte drei Stimmen zitieren, die es dezidiert so sehen. Sie waren oder sind Muslime, Wissenschaftler
und Theologen.

Hamed Abdel-Samad wird von einer Fatwa, einem
Tötungsbefehl, bedroht. Er hat ein Buch mit dem
provozierenden Titel veröffentlicht: *»Der islamische
Faschismus«*. Als junger Mann gehörte er in Ägypten
der Muslimbruderschaft an. Zu Toleranz und Gewalt
im Islam schreibt er:

*»Es sind mekkanische Verse aus der Anfangszeit des
Islam. Leider wurden sie durch die kriegerischen Verse der
späteren Phase aufgehoben. In Medina hieß es: Tötet die Ungläubigen. Das ist das Konzept des Gottesstaates. Wer nicht
zum Islam konvertiert oder seine Herrschaft anerkennt, wird
getötet. Viele Vertreter des politischen Islam in Europa sehen
sich in einer mekkanischen Phase. Sie verhalten sich friedlich,
aber mit dem langfristigen Ziel, das Kalifat zu errichten.«* Die
mekkanische war nach Abdel-Samad eine relativ ge-
waltfreie Phase.

Abdel-Hakim Qurghi leitet den Fachbereich »Islamische Theologie« und Religionspädagogik an der
Pädagogischen Hochschule Freiburg. Am 17. Januar

2015 schreibt er in der ZEIT einen Beitrag unter der Überschrift: **Der Preis des Verdrängens – Wie das ungelöste Problem der Gewalt im frühen Islam in die Gegenwart hineinwirkt** *»Das Phänomen der Gewalt zieht sich durch die ganze Frühgeschichte des Islam. Dabei spielte die bei den arabischen Stämmen geläufige Praxis der Blutrache eine nicht zu unterschätzende Rolle, die sich auch auf den Islam in seiner politischen Form ausgewirkt hat. Heute ist es dringend nötig, mithilfe einer rationalen Lesart der islamischen Gewalt, dem Zusammenhang zwischen islamischem Monotheismus und politisch motivierter Gewalt in ihrem historischen Kontext nachzuspüren. Eine kritikfähige und reflektierende Renaissance des Islam kann die Macht der »mosaischen Unterscheidung« (Jan Assmann) zwischen dem falschen Gott und dem wahren Gott eindämmen, die als folgenschwere Gründungssituation des Monotheismus zu betrachten ist. Ein Beharren auf dem absoluten und universalen Wahrheitsanspruch des Islam hingegen bedeutet Intoleranz und Entmenschlichung der Angehörigen anderer Religionen.«*

Ein weiterer islamischer Gelehrter ist Ednan Aslan. Er stammt aus der Türkei und lehrt Religionspädagogik an der Universität Wien. Die Überschrift seines Beitrags lautet: **Die Gewalt wird gepredigt**

»Wenn wir ehrlich wären, würden wir zugeben, dass wir im Islam seit Jahrhunderten solche Inhalte lehren, dass Allah Gewalt nicht nur rechtfertigt, sondern will. Seit dem 15. Jahrhundert hat sich eine Theologie der Gewalt durchgesetzt und seit dem 17. Jahrhundert ist sie zur Norm erstarrt. Das

49

Schwert wird als Teil unseres Glaubens gesehen.« Weiter unten schreibt er: *»Wer kein Kämpfer für den Islam sein will, ist kein richtiger Muslim und bereits auf der Seite des Gegners.«* Auf die Frage, wo das gelehrt wird, antwortet er: *»Natürlich an der berühmtesten muslimischen Universität, Al-Azhar in Kairo, aber ebenso in Medina. Im Jemen, Libanon, Iran, Irak, in Pakistan, Indonesien, Malaysia.«*

Bei diesen Zitaten fiel mir eine alte Schullektüre ein, Gotthold Ephraim Lessings Drama *»Nathan der Weise«*. Bei dieser Lektüre wurde uns als Schüler zum ersten Mal bewusst, dass es drei Monotheismen gibt, die alle für sich in Anspruch nehmen, den einzig wahren Gott zu verehren. Lessing geht es um das Prinzip der Toleranz, eine aufklärerische Errungenschaft, und er erklärt uns in seiner berühmten Ringparabel, wie er diese verstanden wissen möchte. Der weise Jude Nathan wird vom Kalifen Saladin gefragt, welche der drei (abrahamitischen) Religionen die wahre sei, und der weise Nathan, ahnend, dass er in ein Fettnäpfchen treten könnte, antwortet mit besagter Parabel von dem guten Vater, seinen drei Söhnen und den drei Ringen.

Also: Ein Mann (der Vater) besitzt ein wertvolles Familienerbstück, einen goldenen Ring, der die Eigenschaft besitzt, seinen Träger **»vor Gott und den Menschen angenehm zu machen«**. Den Ring erbt jeweils der Lieblingssohn. Nun hat der Vater drei Söhne, die er gleichermaßen liebt. Daraufhin lässt er zwei Duplikate des Ringes anfertigen und jeder Sohn bekommt einen Ring. Nun weiß aber keiner der Söhne, welches der Ring mit der Zauberkraft ist, und sie wollen es nach dem Tode des Vaters von einem Richter klären lassen. Dieser verweigert ihnen das mit der Erklärung, der Effekt des echten Ringes sei offensichtlich bei keinem der drei Söhne eingetreten, also müsse dieser wohl verloren gegangen sein. Er gibt ihnen allerdings den klugen Rat, jeder solle an die Echtheit seines Ringes glauben und sich also darum bemühen, **»die angenehme Wirkung des Ringes bei sich herbeizuführen«.**

Die Übertragung der Parabel auf die Religionsfrage lautet: Jeder Gläubige jeder der drei Religionen gebe sich Mühe, seine Religion als die wahre erscheinen zu lassen, da sie dann offenbar Gutes bewirkt. So sagt es Lessing, Deist und Freimaurer und selbst kein Gläubiger einer der drei Offenbarungsreligionen.

Gut gebrüllt, Löwe (sorry, Lessing)! So wird man die drei wahrscheinlich nicht zähmen und sie nicht von ihrem Absolutheitssockel herunterholen und sie nicht zu Toleranz den anderen gegenüber bringen, so sehr man es wünschen möchte. Wie bei uns Heutigen waren natürlich auch bei Lessing, der die Geschichte sehr gut kannte, der Wunsch und die Hoffnung das bewegende Motiv, um aus dem Elend der Glaubensstreitereien und -kriege herauszukommen. Als er den Text schrieb, lagen das 19. und 20. Jahrhundert noch im Dunkeln. Was sich dann ereignete, geschah aus der Mitte der monotheistischen Gesellschaften. Hier in Deutschland war es eine vollständig christlich geprägte Gesellschaft.

Und ich darf an dieser Stelle daran erinnern: Vor siebzig Jahren, ein Wimpernschlag der Geschichte, wurde das Konzentrationslager Auschwitz von der Roten Armee befreit. Das größte Verbrechen der Menschheitsgeschichte, der Völkermord an den Juden, an Sinti und Roma und allen, denen die Nationalsozialisten das Recht auf Leben absprachen, wurde der Welt offenbart. Deutschland war 1933 bei der Machtübernahme, der halbwegs demokratische Wahlen vorausgingen, ein Land mit einer überwiegend christlichen Bevölkerung.

Die Gräueltaten begannen sehr bald mit der öffentlichen Ausgrenzung der Juden aus dem öffentlichen Leben, um es noch einmal zu betonen, coram publico, also vor aller Augen, und die eskalierende Gewalt gegen die Juden und alle Widerständigen, gegen Kommunisten, Sozialisten, gegen Homosexuelle und schließlich die Ermordung der Geisteskranken geschah nicht im Verborgenen, sondern sie geschah auch unter dem Wegsehen der Mehrheitsbevölkerung oder unter dem nicht Wahrhaben- oder Wahrnehmen-Wollen. Nur so kann man in der Diktatur-Hölle einigermaßen schmerzfrei (über)leben, indem man sich einrichtet, wegsieht oder sich anpasst.

Die vollständige Zäsur mit dieser deutschen Geschichte, mit diesem deutschen Sonderweg, brachte erst die Rede Richard von Weizsäckers zum 40. Jahrestag des Kriegsendes. Er sprach zum ersten Mal von der **Befreiung Deutschlands** aus tiefster Tyrannei und Barbarei und nicht mehr von einer schmachvollen Niederlage. Es war so: Das christliche Deutschland, das auch ein Land größter Kultur und menschlicher Leistungen war und ist, musste aus der selbst gewählten Barbarei befreit werden.

Leider wird das bis heute nicht von allen verstanden, das wäre dann eine erneute Katastrophe. Auf das Erinnern und das Vergessen und das Verdrängen möchte ich aus ganz persönlicher Sicht in einen anderen Text eingehen. Der jetzige Bundespräsident Joachim Gauck jedenfalls drückt es m.E. mit vollem Recht so aus: »*Auschwitz*« (und eingeschlossen ist sicherlich das gesamte Mordgeschehen und alle Verbrechen, die in deutschem Namen begangen wurden) *gehört fortan zur deutschen Identität.*«

Der Satz wiegt schwer, vieles ist in den vergangenen siebzig Jahren gesagt und geschrieben worden, was alles »nach Auschwitz« nicht mehr möglich sein sollte. Hat das standgehalten, kann das standhalten? Es gilt, unsere globale Zivilisation unter schwierigsten Bedingungen so zu gestalten, dass Menschen in Würde leben können.

Demnächst (2020, 2030?) werden neun Milliarden

Menschen auf der Erde leben, der größte Teil in Megacitys, alle müssen Grundlagen zum Leben haben, mindestens ausreichend Nahrung und sauberes Wasser und, gerade die Jungen, Perspektiven für ihre persönliche Zukunft. Alle müssen selbstbestimmt leben können, Arbeit finden und Geld verdienen, mit dem sie ihr Leben bewältigen können.

Wir sehen, dass das in vielen Ländern, ja auf ganzen Kontinenten nicht oder nur eingeschränkt der Fall ist. Wir sprechen von vielen »failed states« (gefallenen Staaten), ich habe an anderer Stelle die Befürchtung ausgedrückt, dass wir nicht irgendwann von Afrika als von einem »failed continent« sprechen müssen. Wir haben kein Erkenntnisproblem. Zehntausende Experten in Politik, Wissenschaft und Wirtschaft in staatlichen, halbstaatlichen, nationalen und internationalen Organisationen und bei NGOs (Nicht-Regierungs-Organisationen) erforschen, beschreiben, schlagen vor, schließen Abkommen und Verträge, aber es scheint immer schwieriger, ja fast unmöglich, diese komplexen Sachverhalte so mit den Menschen zu kommunizieren, dass daraus große Akzeptanz erwächst.

In der Gegenwart scheint eher das Gegenteil der Fall zu sein, akzeptiert wird (fast) nichts, gefordert wird (fast) alles, aber mit wenig Solidarität. Wohlhabende Länder, wohlhabende Menschen werden noch auf absehbare Zeit gut, sogar sehr gut leben können, derweil das Zeitfenster für Handlungsoptionen für **»Die Eine Welt«** kleiner und schmaler wird.

Welche Rolle werden die Weltreligionen, allen voran die monotheistischen, in der Zukunft spielen? Wird ihr Einfluss zunehmen oder schwinden, werden orthodoxe, fundamentalistische Minderheiten den Ton an- und den Takt vorgeben, nach dem die Welt zu tanzen hat? Was könnte das bedeuten? Werden sie friedliche Prozesse der Ressourcenteilung befördern können oder bleibt es beim »Opium der Armen« mit der Tröstung auf jenseitige Verheißungen und auf diesseitige spirituelle Erhebungen mit Beten, Tanzen und Singen? Ich sehe den Papst bei seinem Besuch in Indonesien und seine ekstatischen Anhänger, ich sehe Tausende inbrünstiger christlicher Wallfahrer, ich sehe die Muslime zu Zehntausenden bei ihrer Wallfahrt nach Mekka um die Kaba schreiten, Steine auf den Teufel werfen, millionenfach geschächtete Tiere als Opferritual hingeben, ich sehe fromme, orthodoxe Juden an der Klagemauer in Jerusalem in ekstatischen Verzückungen und ich sehe die Veranstaltungen evangelikaler Großkirchen etwa in den Vereinigten Staaten. Meine Skepsis wird nicht kleiner.

Was alle Menschen brauchen, ist ein humorvoller Umgang mit allen Widrigkeiten des Lebens, ist eine Widerständigkeit, die uns Satire, Witz, Kabarett oder andere Formen geistreicher Intellektualität bereitstellen. Ich gebe gern zu, dass mir einige Großmeister ihres Fachs durchaus gefallen, weil sie die Widersprüche dieser Welt bissig aufzeigen und weil sie dabei auch Tabuzonen betreten (dürfen). So sind gerade Religionen und ihre Vertreter Gegenstand der Verspottung und satirischer Boshaftigkeit, neben anderen Wichtig-Nehmern und Wichtig-Tuern.

Vor fünfzig Jahren etwa wäre einem Gerhard Polt, einem Jürgen von der Lippe, einem Jürgen Becker, einem Georg Schramm, einem Wilfried Schmickler oder einem Vince Ebert, um nur einige aus diesem Metier zu nennen, von den beleidigten religiösen Fundamentalisten gern ein Blasphemie-Verfahren angehängt worden. Da sind wir weiter.

Aber was Satire in einer libertären Gesellschaft, die überhaupt keine Tabus mehr kennt, nachhaltig und positiv bewirken kann oder soll, ist eine offene Frage. Wahrscheinlich verkommt sie zur reinen Unterhaltung neben allen anderen Ablenkungen. Was wir aber brauchen für die Zivilisation des 21. Jahrhunderts, ist alles das, was den Menschen durch die Evolution an Mitgift beschert worden ist. Ich zitiere am Schluss Michael Schmidt-Salomon aus dem Vorwort zu seinem Buch:

Hoffnung Mensch — Eine bessere Welt ist möglich »Denn so seltsam es auch klingen mag: Von seiner Veranlagung her ist der Mensch das mitfühlendste, klügste, fantasiebegabteste, humorvollste Tier auf dem gesamten Planeten.«

Nachtrag

Kurz vor Drucklegung des Buches kann ich noch einige Sätze hinzufügen.

Am 18. Oktober 2015 wurde Navid Kermani, gläubiger Muslim iranischer Herkunft, aber in Deutschland aufgewachsen, Orientalist und Islamwissenschaftler, politischer Essayist und Romanautor, der Friedenspreis des deutschen Buchhandels in der Frankfurter Paulskirche verliehen.

Seine Rede (im Internet nachzuhören und zu lesen) wurde zu einem erschütternden und bewegenden Dokument zum Zustand der islamischen Welt in den arabischen und afrikanischen Ländern, in denen der Islam Staatsreligion ist.

Als tief religiöser Muslim will Kermani an seinem Glauben und seinem Gott festhalten, gesteht aber ein, dass die Wirklichkeit dort ein nicht mehr einzudämmender religiöser Furor ist, wie er ihn in seinem Text, den ich zitiert habe, beschrieben hat. Leider kann diese religiös induzierte Gewalt überall hin ausgreifen. Und sie kann das friedliche Nebeneinander der Religionen zerstören.

Was bleibt? Die Hoffnung auf das säkulare und religionsneutrale »Projekt Europa«. Millionen aus den islamischen Herrschaftsbereichen fliehen und streben in dieses Europa in der Hoffnung auf ein besseres (würdevolleres?) Leben.

Angesichts der schieren Ausweglosigkeit und weitgehenden fehlenden politischen Handlungsoptionen muss uns tiefe Trauer und Sorge befallen, die aber nicht in Angst umschlagen darf. **Angst lähmt!**

Zum Lesen und Recherchieren
z.B. bei Wikipedia

Evolutionärer Humanismus, Satire, Kabarett, Der Wahre Jakob, Monotheismus, Islam, Antisemitismus, Juden-Pogrome, Blasphemie, Werner Fink, Kurt Tucholski,
und anderes mehr

Bücher

ABDEL-SAMAD, Hamed: Islamischer Faschismus, München 2014
HEINSOHN, Gunnar: Söhne und Weltmacht, Zürich 2003
HESSEL, Stéphane: Empört Euch!, Berlin 2011
HOUELLEBECQ, Michel: Unterwerfung, Köln 2015
HUNTINGTON, Samuel: Kampf der Kulturen: Die Neugestaltung der Weltpolitik im 21. Jahrhundert, München und Wien 1996
HUXLEY, Julian: Ich sehe den künftigen Menschen− Natur und neuer Humanismus, München 1965
LESSING, Gotthold Ephraim: Nathan der Weise, Stuttgart 2004 (1779)
SANDEL, Michael J.: Was man für Geld nicht kaufen kann, Berlin 2012

SCHMIDT-SALOMON, Michael: Hoffnung Mensch
— Eine bessere Welt ist möglich, München 2014
derselbe: Keine Macht den Doofen, München 2012
TUCHOLSKI, Kurt: Ausgewählte Werke, Eggolsheim 2013

Quellennachweise

ABDEL-SAMAD, Hamed: Herren über Leben und Tod, Interview Evelyn Finger, in: DIE ZEIT 28/2014
ASLAN, Ednan: Die Gewalt wird gepredigt, Interview Evelyn Finger, in: DIE ZEIT 52/2014
FINK, Werner: Wikipedia
GRÜNBEIN, Durs: Das Volk, dieses Monster, in: ZEIT ONLINE vom 18. Febr. 2015
HEITMEYER, Wilhelm: Tief in den Alltag eingesickert, Interview in: Der Spiegel vom 07.10.1991
JOFFE, Josef: Der böse Kapitalismus, in: DIE ZEIT 47/2014
Judenverfolgungen zur Zeit des schwarzen Todes am 23./24. August 1349 in Köln, in: Wikipedia
KERMANI, Navid: Wir wehren uns, in: DIE ZEIT 03/2015
KLINGST, Martin: Keine Angst vor dem Islam, in: DIE ZEIT 03/2015
LAU, Jörg: Für die Macht Europas, in: DIE ZEIT 03/2015

Maria-Syndrom, Heiliger Zwang und politische Zensur, Der Humanist, www.humanist.de

QURGHI, Abdel-Hakim, Der Preis des Verdrängens, in: Online-Texte der evangelischen Akademie Bad Boll

RADISCH, Iris: Ein Sieg im Kampf der Bilder, in: ZEIT ONLINE vom 13.01.2015

SPUR-Prozess, Anstoß gesucht, in: Der Spiegel 3/1964

TUCHOLSKI, Kurt: Joebbels, in: Die Weltbühne, 27. Jahrg. 1931

ULRICH, Bernd: Für einen streitlustigen Islam, in: Die Zeit 03/2015

WEIZSÄCKER, Richard von, in: Der Bundespräsident, Gedenkveranstaltung des Deutschen Bundestages zum 40. Jahrestag des Endes des Zweiten Weltkrieges in Europa, Bonn 8. Mai 1985

Abbildungsnachweis

Abb.1: © Wikipedia, Commons, arlequin-g von Alain Thomas, Titelbild: Der Harlekin

Abb.2: © dpa Picture-Alliance GmbH, Nr.54975905, Charlie Hebdo

Abb.3: © dpa Picture-Alliance GmbH, Nr.54937399, U. v. d. Leyen

Abb.4: © dpa Picture-Alliance GmbH, Nr.51312957, Segnender Pope

Abb.5: © Karl Holtz, in: Der Wahre Jakob, 52. Jahrgang, Nr.12, Universitätsbibliothek Heidelberg, Hitlerkarikatur, http://digi.ub.uniheidelberg.de/diglit/wj1931/0181

Abb.6: © Der Stürmer 29/1934, bei: United States Holocaust Memorial Museum

Abb.7: © NS-Dokumentationszentrum Köln, Karnevalswagen in Köln 1936: »Dem haben sie auf den Schlips getreten!«

Die griechische List

Von Odysseus bis Varoufakis oder die Rezeption des Griechentums

Warnend hob die Priesterin und Seherin Kassandra, Tochter des Priamos, des Königs von Troja, ihre Stimme: »Lasst das hölzerne Pferd nicht in die Stadt, die Griechen sind listig!« Niemand hörte auf sie. Wie die Sache ausging, ist hinlänglich bekannt. Der »listenreiche« Odysseus und seine Mannen gelangten

Abb. 1: Das trojanische Pferd wird in die Stadt gezogen

im Bauch des hölzernen (»trojanischen«) Pferdes in die Stadt und dann war`s um diese geschehen. Die Überreste können wir dank Heinrich Schliemann (Archäologe, 1822–1890) heute an historischer Stätte besichtigen. Homer, der Schöpfer dieses Helden- und Schurken-Epos, kannte den Menschen in allen seinen Facetten schon achthundert Jahre vor unserer christlichen Zeitrechnung sehr genau, und er hat ihn in dichterischer Vollendung in den Gestalten seiner Protagonisten beschrieben. Alle Heldenepen aller Völker haben eine ähnliche Dramaturgie. »Erzähle mir die Geschichte!«, so ähnlich wie bei Homer beginnen sie.

Kassandra, die schöne Seherin, ist eine besonders tragische Figur in dieser Geschichte. Trotz ihrer seherischen Fähigkeiten und zutreffenden »Kassandrarufe« glaubte ihr kein Mensch, weil sie sich nicht dem Gott Apollo hingeben wollte, der sich so an ihr rächte. Die griechischen Götter und Helden waren meist auch Satyrn (Wesen mit gesteigertem Geschlechtstrieb).

Zu Beginn der 1960er-Jahre erläutert ein Jesuit, Altsprachler, seinen Schülern an einem humanistischen, also altsprachlichen Gymnasium die Religion und Philosophie der griechischen Antike und breitet dabei den griechischen Götterkosmos und die dazugehörende Mythologie vor seinen Schülern aus. Es geht deftig und drastisch zu, rote Ohren und verschämte Lacher sind die Folge. Es ist faszinierend und regt so manche Fantasie an. Zeus, der Göttervater und Weiberheld, und seine Eskapaden, Halbwesen, die sich mit Menschenfrauen paaren, eine groteske Menagerie, wunderbar, sie hätten stundenlang zugehört, wenn nicht wieder die leidige Übersetzungsarbeit angestanden hätte, verdammte Pflicht.

Aber was war das für eine großartige Welt siebenhundert bis dreihundert Jahre vor unserer Zeitrechnung und welche großartige Geschichte spielte sich dort ab. Es war die Geburtsstunde und die Blüte der europäischen Kultur und der Wissenschaften und die Wiege der Demokratie, der Herrschaft des Volkes.

Abb. 2: Kassandra flieht vor Ajax

Es gab seit 776 v.Chr. die Olympischen Spiele und eine großartige Architektur, Malerei, Bildhauerei, Theater und Literatur, aber es gab auch Kriege der Stadtstaaten untereinander und die gewonnenen Kriege gegen die Perser, in denen sich die griechischen Stadtstaaten verbündeten, und es folgte schließlich die Eroberung der halben damaligen Welt durch Alexander III., den gebürtigen Mazedonier, zwischen 336 bis 323 v.Chr.

Es ist eine wunderbare Collage und eine traumhafte Kulisse für jedwede Imagination. Nach griechischen Idealen zu streben war Aufgabe einer *humanistischen* Bildung, wie sie sich der große preußische Bildungsreformer Wilhelm von Humboldt auf seine Agenda geschrieben hatte. »Schön« und »gut« (edel) sollte ein »gebildeter« Mensch sein.

Abb. 3: Parthenon auf der Akropolis von Athen

Griechische Siedler gründeten Kolonien und siedelten im gesamten Mittelmeer-Raum. Wir konnten es in der großartigen griechischen Kolonie mit den drei mächtigen Tempeln in Paestum in Italien besichtigen und waren tief beeindruckt.

Abb. 4: Poseidon Tempel (dorischer Stil) in Paestum (Mittelitalien)

Dieser Tempel, von griechischen Siedlern um 550 v.Chr. erbaut, ist **»der vollkommendste und wohlbehaltendste Tempel der griechischen Architektur«** (A. Maiuri).

Zwischen dem realen antiken Griechenland und seiner zum Teil idealisierenden Wiederentdeckung um 1500 n.Chr. in der Zeit der Renaissance durch Künstler, Schriftsteller und Gelehrte aller Fakultäten – Leonardo da Vinci, Michelangelo, Raffael, Lucas Cranach, Dante Alighieri, Erasmus von Rotterdam seien beispielhaft genannt – als man nach der Eroberung des muslimischen al-Andalus durch das katholische Spanien in der gewaltigen Bibliothek von Cordoba das gesamte Wissen der griechischen Antike (auch der arabischen Hochkultur) wiederentdeckte und schließlich der Wiederauferstehung eines modernen Staatsgebildes namens Griechenland im 19. Jahrhundert liegen zweitausend bzw. zweitausendfünfhundert andere Jahre:

Abb. 5: Aphrodite von Melos

Es sind hellenistische (ptolemäische), römische, byzantinische, christlich-orthodoxe, osmanische, katholische (in Gestalt der Tempelritter), venezianische und schließlich monarchische unter dem ersten König Otto I. aus dem Hause Wittelsbach, Sohn des bayrischen Königs Ludwig I., und, nach seiner Vertreibung 1862, der Monarchen aus dem Hause Dänemark, Sonderburg, Glücksburg, Schleswig-Holstein.

Es war ein griechisches Königreich von fremden Gnaden, den Griechen von den europäischen Feudalmächten aufgezwungen. Allesamt waren es fremde Kulturen, die sich über die Griechen hermachten, diese zur Anpassung und Geschmeidigkeit zwangen, also zu einer »neugriechischen« Lebensform, die mit der Antike nichts mehr gemein hatte.

Schnitt

Onassis (Zeus?), Reeder, Milliardär und Oligarch, zieht die Frauen auf seiner Traumyacht in sein Luxus(Lotter)bett, Maria Callas, die Opern-Primadonna und gebürtige Griechin sowie seine spätere Frau Jacqueline Kennedy, Witwe des ermordeten US-Präsidenten, kauft Inseln, baut Lustschlösser (Tempel?), füllt die Spalten der (gelben) Gazetten mit immer neuen Klatschgeschichten – so sind die Griechen eben – und dann: Revolution! linke und rechte Griechen gegeneinander, Chaos, Gewalt und Zerfall jeder staatlichen Autorität zu Beginn der 1960er-Jahre des vorigen Jahrhunderts. 1967 putscht sich dann eine rechte Obristen-Junta an die Macht und errichtet eine gnadenlose Militärdiktatur.

Da ist es vorbei mit Freiheit und Menschenrechten und Demokratie. Die Weltöffentlichkeit leidet mit dem griechischen Volk. Immer noch ist Griechenland formal eine Monarchie, König ist Konstantin II., wird aber von den Militärs entmachtet, leistet zunächst keinen Widerstand, versucht dann einen dilettantischen Gegenputsch und geht danach ins Exil, ohne abzudanken. 1973 schafft die Junta die Monarchie ab und 1974, nach Beseitigung der Militärdiktatur und der Errichtung einer modernen Demokratie, entscheidet sich auch das Volk bei einer von der linken Regierung gesteuerten Abstimmung mit großer Mehrheit gegen die Monarchie.

Dann erlebt Griechenland (seit 1952 Mitglied der NATO) seinen politischen Frühling, wird in den Kreis der europäischen Demokratien aufgenommen, erst als assoziiertes Mitglied und später als Vollmitglied der EU. Alles ist gut, die gelben Blätter bringen weiter Klatschgeschichten aus der Welt griechischer Oligarchen, mit der Wirklichkeit in Griechenland hat das wenig zu tun. Aber: In diesem zersplitterten Inselreich mit großen Entwicklungsrückständen zu den Industrieländern des übrigen Europa, großen sozialen Spaltungen und damit Spannungen eine befriedete Nation zu schaffen bleibt ein schwieriges Unterfangen.

Nochmals aber: Hat das wirklich nachhaltig berührt oder ist es nicht doch die plötzlich wieder erwachte Griechenlandbegeisterung? Auf einmal kennt und liebt man Mikis Theodorakis, den großen Komponisten und linken Volkshelden, der mit großartiger symphonischer »griechischer« Musik die Menschen in ganz Europa begeistert und der die Massen gegen die Diktatur mobilisiert. Dann fesselt 1960 Melina Mercouri mit dem »Mädchen von Piräus«, in dem Film »Sonntags nie« (deutscher Titel), alle Cineasten in der Rolle der aufreizend lasziven Prostituierten am Hafen, die ihre Gefährtinnen zur Verweigerung der Liebesdienste animiert. Die romantische Sängerin Nana Mouskouri singt schmachtend: »Ich bin ein Mädchen von Piräus« und macht daraus einen internationalen Hit und besingt ebenso romantisch die »Weißen Rosen aus Athen«. Eine weitere große Interpretin, Maria Faranturi, wird berühmt bei gemeinsamen Auftritten mit Theodorakis und ebenso die wunderbare Sängerin Irene Pappas. Griechische Musik ist äußerst erfolgreich und beliebt. Dann kommt 1964 ein großer Hollywood-Film in die Kinos, Alexis Sorbas, Originaltitel: »*Zorba the Greek*«, mit dem unvergessenen Anthony Quinn in der Titelrolle, ein moderner Sisyphos, der am Ende scheitert und doch glücklich ist, unterlegt mit der Musik von Mikis Theodorakis. Danach kann man Sirtaki tanzen oder versucht es zumindest oder muss es später, als Tourist auf Rhodos, Kos, Santorin oder sonst wo auf den Inseln, sowieso versuchen. Es ist eine große Liebe zu diesem faszinierenden Land und seinen Menschen in diesen Jahren. Dass auch der große Udo Jürgens mit dem edelkitschigen Lied *»Griechischer Wein«* zur Griechenland-Empathie (und tränenfeuchten Augen bei seinen griechischen Gastarbeiter-Zuhörern) beigetragen hat, soll erwähnt und zugestanden sein. Ein Zufall will es, dass der beginnende Massentourismus die Neuadaption des Griechentums fördert, nicht im Sinne von Platon, Euripides, Sokrates und Aristoteles, sondern von Ouzo, Feta, Rezina und, wie gesagt, Sirtaki. Sie wird auch angetrieben von der Sehnsucht nach dem Azurblauen und der Begeisterung für die Nostalgie mit und in Ruinen. In jeder deutschen Kleinstadt macht ein griechisches Restaurant auf, das sich »Zum Griechen« oder »Bei Jannis« oder ähnlich nennt, immer gut besucht – Wohin gehen wir heute Abend? Zum Griechen! – charmante Bedienung, hübsche Griechinnen, smarte Kellner, dann der berühmte Delphi-(Rhodos-, Akropolis- usw.)Teller, dazu die antike Fake-Kulisse mit Säulen und Statuen aus Gips, untermalt von ständiger griechischer, volkstümlicher Bouzouki-Musik. Schön! Ein gelungener Abend.

Schnitt

Abrupt vorbei, diese neue Form der Griechenliebe oder wie man sie im 18. Jahrhundert entdeckte und nannte, des Philhellenismus, was dasselbe bedeutet. Dass um Sonnenliegen besorgte Touristen mit »All–Inclusive«-Service in Nobelhotels auch Griechenfreunde sind oder sein können, nehmen wir erfreut zur Kenntnis.

Längst aber hatte man die Verbrechen der deutschen Wehrmacht im besetzten Griechenland während des Zweiten Weltkriegs verdrängt und vergessen, mindestens 70.000 bis 80.000 Griechen wurden bei Partisanenvernichtungen und Vergeltungsaktionen getötet. Was sich in diesem neuen Griechenland der Sechziger-und Siebzigerjahre tat, politisch und gesellschaftlich, war für die meisten Menschen hier nicht von Belang, solange es sich bei griechischen Spezialitäten gut und preiswert träumen ließ.

Zwar wurden die Revolution und die Militärdiktatur in den Medien ausführlich behandelt, ins breite Bewusstsein drang aber nur die als Schmach empfundene und mehr oder weniger erzwungene Emigration des Königshauses, ein Fressen für den Boulevard und die Gesellschaftsseiten der Illustrierten. Griechenland war aber nun vollwertiges Mitglied der Europäischen Union und wurde 2001 Mitglied der Eurozone, das sollte Folgen haben. 2015 aber scheint Griechenland keine Freunde mehr um sich zu haben.

Schnitt

Wie oben geschrieben, hatte sich das bis dahin un-
erschütterlich im katholischen Glauben verwurzelte
Abendland um 1500 n.Chr. der griechischen Antike
zugewandt und sich ihrer großartigen zivilisatorischen
Leistungen erinnert. Eine Erneuerung (Renaissance)
des Denkens und Fühlens hatte eine neues Bewusstsein und ein neues Menschenbild geschaffen, die Fes-
seln des christlichen Mittelalters konnten nach und
nach abgestreift werden, Feudalmacht und Kirchen-
macht wurden infrage gestellt. Die Moderne konnte
beginnen, wenn auch unter großen Schmerzen und
Rückschlägen.

Jedenfalls war es ein Weg zur Befreiung des Menschen und zu seiner Selbstbestimmung. Etwa um die
Mitte des 18. Jahrhunderts entstand, angeregt von
dem neuen Denken der Aufklärung und des Humanismus, in Europa die Bewegung der Griechenfreunde
oder der Philhellenen, was dasselbe heißt, aber eben
griechischer klingt.

Es waren vor allem Intellektuelle aus allen europäischen Ländern, Professoren und Literaten, aber
auch Adelige wie der schon erwähnte Bayernkönig
Ludwig I., Vater des späteren ersten Griechenkö-
nigs Otto I., Erbauer der einem Griechentempel
nachempfundenen Walhalla bei Regensburg, die den
Freiheits- und Unabhängigkeitskampf der Griechen
gegen die osmanische Besatzungsmacht unterstütz-

ten, die aber auch den Geist der griechischen Antike wiederbeleben wollten.

Die Bewegung fand, wie gesagt, breiteste Unterstützung in Europa bis in den Norden nach Finnland, auch in den USA, moralisch, publizistisch und finanziell, der militärische Beitrag war eher bescheiden, befeuerte aber den Siegeswillen der Griechen ungemein.

Herausragender Protagonist der Bewegung wurde der britische Intellektuelle und Dichter Lord Byron, den die Griechen bis heute verehren. Denkmäler erinnern an ihn und ein Stadtteil Athens ist nach ihm benannt. Er starb 1824 an Sumpffieber, als die Vorbereitungen zur Seeschlacht von Lepanto gegen die Türken liefen.

Wir wollen noch einmal zum deutschen Philhellenismus zurück. Hier ist es Johann Joachim Winkelmann (1717–1768), der mit seiner *Geschichte der Kunst des Altertums* das antike Hellas auf einen ästhetischen Sockel hob. So lautete sein Motto:

»Der einzige Weg für uns, groß, ja wenn es möglich ist, unnachahmlich zu werden, ist die Nachahmung des Alten, und was jemand von Homer gesagt, daß derjenige ihn bewundern lernet, der ihn wohl verstehen gelernet, gilt auch von den Kunstwerken der Alten, sonderlich der Griechen.«

Die großen deutschen Klassiker-Heroen Goethe, Schiller und Hölderlin folgten ihm darin weitgehend, das Zentrum ihrer dichterischen Fantasie war Griechenland, auch wenn sie es nie selbst betreten haben.

1813 gründeten andere europäische Intellektuelle und Archäologen, unter ihnen der deutsche Hans Magnus von Stakelberg, einen Verein der Griechenfreunde, der sich XENEION nannte. Ich zitiere aus den Aufnahmebedingungen:

»Jeder würdige Mann aus jedem Land, jeder Religion und jeden Alters kann danach streben, XENEIOS zu werden. Die einzige grundlegende Eigenschaft, die er besitzen muss, ist die Begeisterung für Griechenland, für die Literatur, für die schönen Künste der Alten.«

Der griechische Freiheitskampf von 1821 bis 1827 (Schlacht von Navarino) war verlustreich, aber auch erfolgreich und brachte den Griechen die Befreiung vom osmanischen Joch. Ein altes Volk vereinigte sich zu einer neuen Nation, beispielgebend für viele spätere Nationalstaaten, überhaupt für das Bewusstsein, dass eine Ethnie auch eine politische Nation sein sollte, eine, wie wir heute wissen, nicht unproblematische Vorstellung.

Es war ein blutiger und verlustreicher Krieg. Mit dem Massaker auf der Insel Chios, bei dem die Türken 20.000 Menschen umbrachten und 45.000 in die Sklaverei verschleppten, brannte sich etwas in das kollektive Gedächtnis der Griechen ein. Für die Philhellenen aber hatte eine Idee gesiegt, nämlich die Idee von Freiheit und Selbstbestimmung und, so die Hoffnung, auch von einer neuen demokratischen Ordnung für dieses neu entstandene Hellas.

Der Funke der amerikanischen und der französischen Revolution war noch am Glimmen, obwohl sich 1815 beim Wiener Kongress der Kaiser, Könige und Fürsten eine Rückkehr zu absolutistischer feudaler Herrschaft abzeichnete und dann auch Wirklichkeit wurde. So schrieben denn die siegreichen Hellenen und ihre Freunde unverdrossen hoffnungsfroh einen ersten Verfassungstext für das neue Hellas, der das Muster für alle anderen europäischen demokratischen Verfassungen abgeben sollte. So lautete der Art. 5 dieser Verfassung von 1827: **»Die Souveränität liegt in der Nation. Alle Macht geht vom Volke aus.«** Das war wahrhaft revolutionär.

Die europäischen Großmächte England, Frankreich und Russland aber verhandelten von 1827 bis 1832 paternalistisch über die Griechen mit einem anderen Ergebnis: Griechenland bekommt eine monarchische Verfassung, wird ein Königreich von fürstlichen Gnaden und mit einem König aus deutschem, respektive bayrisch-wittelsbachischem Hause.

Damit war vorerst eine große Chance verspielt. Es entsprach ganz und gar nicht den Vorstellungen der aufständischen Griechen. Otto I., durch und durch deutscher Aristokrat, hatte nicht gerade eine glückliche Hand beim Umgang mit seinen neuen Untertanen, zwar vom Vater »philhellenisch« geprägt und daher durchaus wohlmeinend, verunsicherte er, wie auch seine bayrischen Staatsbeamten, die Griechen durch absolutistisches Auftreten und Handeln. Von demokratischen Ansätzen blieb nichts übrig. Hinzu kam, dass er nicht zur griechischen Orthodoxie konvertieren mochte. 1843 zwang man ihn allerdings, einen verfassungsgebenden Nationalkongress einzurichten, nach weiteren zwanzig Regierungsjahren dankte er 1863 ab, um einem neuen Königshaus aus dänisch-schleswig-holsteinischem Geblüt Platz zu machen, das Griechenland bis zur Abdankung Konstantins II. 1973 mehr oder weniger segensreich und glücklich regierte.

Festhalten kann man nach dieser Epoche der Griechenland-Nostalgie, dass in den Zentren Europas klas-

Abb. 6: Walhalla bei Regensburg

sischer griechischer Baustil zu besichtigen ist, Schinkels Bauten in Berlin und an anderen Orten mögen beispielhaft genannt sein. Aber auch die bildende Kunst, die Malerei und Literatur wurden nachhaltig beeinflusst. Das zählt.

Im neuen republikanischen und demokratisch verfassten Griechenland blieb aber eine Institution unangetastet, nämlich die Orthodoxie. Sie ist, wie ihr Name sagt, rechtgläubig, also im Kern alt und fundamentalistisch und, wie Kant sagen würde, »statutarisch« und nicht von westlicher Liberalität (in Glaubensfragen) und rationaler Spiritualität »angekränkelt«. Sie ist nach der Verfassung Staatskirche, alle weltlichen, demokratisch gewählten Präsiden haben sich vor dem höchsten Priester dieser Kirche zu verneigen und den Eid auf Gott vor ihm abzulegen.

Die orthodoxe Kirche ist reich, verfügt über immensen Immobilienbesitz und ist von jeder Steuer befreit. Sie stellt einen gewaltigen Machtfaktor dar und es ist nicht auszumachen, welche Rolle sie bei Griechenlands Weg in einen modernen säkularen Staat spielen will oder kann. Das Volk ist fromm und kirchentreu und hört auf seine Popen und pflegt, wie in allen Orthodoxien, eine im Westen nicht gekannte religiöse Inbrunst und Spiritualität.

Schnitt

Drei Griechenland-Rezeptionen in den letzten fünfhundert Jahren! Von den Geistesgrößen der Renaissance um 1500 n.Chr. angefangen über die Philhellenen Mitte des 18. Jahrhunderts zu den wilden Sechziger-und Siebzigerjahren des letzten Jahrhunderts und der Erstehung der neuen modernen griechischen Demokratie und einer neuen Griechenland-Nostalgie im Westen, weniger intellektuell als folkloristisch-gefühlig und Massentourismus-tauglich, formte sich das Bild »des Griechischen« oder »der Griechen«. In diesem Bild sind die Griechen noch Bindeglied zu einer untergegangenen Zivilisation und heute beliebt als gefällige Dienstleister und wunderbare Unterhalter.

Dass das nur die Traumseite dieses vielfältig belasteten Staates ist, will man in den anderen europäischen Ländern nicht wahrhaben. Gerade elf Millionen Menschen zählt das Land, die meisten auf dem Festland, ein beträchtlicher Teil aber auf den einhundertelf bewohnten Inseln, malerisch zwar, oft aber karg, dazu noch ein Teil auf der selbstständigen, aber gespaltenen Insel Zypern lebend mit dem schwelenden griechisch-türkischen Konflikt, der auch schon blutig eskalierte und nur durch eine Demarkationslinie zwischen den beiden Bevölkerungsgruppen zu einem »eingefrorenen Konflikt« geworden ist.

Schnitt

Griechenland persönlich! Zwei Urlaube auf Rhodos und Kos, man ist Tourist, wird als solcher behandelt, freundlich, höflich in Erwartung eines guten Trinkgeldes, man sieht Unzulänglichkeiten und sieht gern darüber hinweg, zeigt nicht die gerade deutschen Touristen nachgesagte Arroganz und Anspruchshaltung, bewundert Reste der Antike wie den Asklepios-Tempel auf Kos, das Asklepeion. Hippokrates, der berühmte Arzt der Antike, stammt von dort, nach ihm ist der weltweit geltende Medizinereid benannt. Auf Rhodos besucht man den riesigen Palast des Großmeisters der Templer, genießt menschenleere Strände mit klarstem Wasser, fühlt sich ein wenig angefasst von der geschäftstüchtigen Anmache in Lindos, dem malerischen weißen, an einem Berghang gelegenen Dorf auf Rhodos mit einer Akropolis, die von einer Tempelanlage aus dem 4. Jahrhundert v. Chr., umgeben ist und von der später errichteten Burganlage der Johanniter und sieht die geschäftstüchtigen Griechinnen, die große, weiße, gestickte Decken, über den Felsen ausgebreitet, anbieten, sieht aber auch auf der Busfahrt dorthin die merkwürdigen Bauruinen aus Stahlbeton und erkennt, wenn man erkennen will, dass eine nur auf dem Touristikgeschäft aufbauende Wirtschaft eine zweischneidige Angelegenheit ist, die so vielleicht doch nicht nachhaltig und wertschöpfend genug ist, um das Land wirklich nach vorn zu bringen.

Dass es auf Kos schwarze Strände gibt, hat vulkanische Gründe und ist nicht von Menschen gemacht, Erleichterung. Ansonsten: griechische Küche, griechischer Wein, griechische Folklore und Aufforderung zum Sirtaki, siehe oben.

2003 in Athen, ein völlig anderer Hintergrund und Anlass der Reise. Seit einem Jahr lebt unser Sohn dort. Er ist als Ingenieur von einem österreichischen Ingenieurbüro nach Athen delegiert worden um an einem Großprojekt mitzuarbeiten, dem Ausbau des Athener U-Bahn-Netzes. Wir haben also einige Unterstützung durch ihn, um uns schneller zurechtzufinden in dieser riesigen Stadt. Das Verkehrsverhalten der Athener scheint uns rabiat, aber auch von einer gewissen Könnerschaft geprägt zu sein.

Die Fahrt zum Hotel verschlägt uns den Atem, Berge von Müll, an jeder Straßenecke gestapelt, machen das Durchkommen fast unmöglich. »Die Müllwerker streiken«, sagt unser Sohn, »das passiert öfter und man gewöhnt sich daran«. Es stinkt und vermittelt einem ordnungsliebenden Deutschen ein mulmiges Gefühl. Hier regt sich scheinbar niemand auf, auch nach Tagen tut sich nichts. Wie wir erfahren, streiken auch schon mal die griechischen Arbeiter auf der U-Bahn-Baustelle, ziemlich unvermittelt, und es muss Ersatz aus einem Balkanland herangeschafft werden. Denn 2004 finden in Athen die Olympischen Spiele statt, bis dahin muss das Projekt gestemmt sein, schließlich ist viel EU-Geld geflossen, es verdienen daran internationale Großfirmen, die das Know-how haben. Griechenland und speziell Athen erhoffen sich durch die Verbesserung der Infrastruktur einen wirtschaftlichen Aufschwung.

Trotz vieler Unzulänglichkeiten scheint bei den nicht-griechischen Beteiligten der Grundsatz zu gelten: Geklagt wird nicht! Denn das Athener Leben hat auch seine schönen Seiten: Die Shopping- und Touristen-Meile in der Plaka, der Altstadt Athens mit unzähligen guten und preiswerten Restaurants, vielen schönen weinbelaubten Cafés unter Platanen, ein Essen am Abend am Strand von Piräus, vor allem aber die Highlights: die Akropolis und die antike Agora mit Tempeln und wiederaufgebauten und gepflegten Bauwerken der alten Stadt aus dem 5. Jahrhundert v.Chr. und weiteren Überresten riesiger Tempel an anderen Plätzen Athens.

In uns regt sich ein philhellenistischer Reflex, es ist überwältigend, auch wenn uns angesichts der Ruine des Parthenon-Tempels auf der Akropolis und der Bemühungen der griechischen Denkmalbehörde leise Zweifel beschleichen, ob das mit der zu besichtigenden Technik zu schaffen sein wird, aber auf das Improvisationstalent der Griechen scheint Verlass zu sein. Man wird böse bei dem Gedanken, dass auf der Akropolis die Osmanen ein Munitionsdepot eingerichtet hatten, das dann, von einer venezianischen

Kanonenkugel getroffen, 1687 n.Chr. in die Luft flog und unschätzbare Kostbarkeiten zerstörte.

Ungehalten sind wir auch angesichts von Tausenden frei lebenden Hunden überall in der Stadt. Da wir selbst Hundeliebhaber und -besitzer sind, macht uns das fassungslos. Wie wir später erfahren, entschließt man sich vor der Eröffnung der Olympischen Sommerspiele zu einer umfassenden Tötungsaktion.

Wir fahren mit unserem Sohn über Land: Von Athen über den Isthmus von Korinth auf den Peleponnes, vorbei an dem im 19. Jahrhundert gebauten Schifffahrtskanal durch den Isthmus, besuchen Ausgrabungsstätten antiker Theater und sind verblüfft über die unglaubliche Akustik, die selbst ein geflüstertes Wort bis auf die obersten Ränge trägt. Olivenhaine rings umher, die Luft ist mild und vom würzigen Duft der Pinienwälder erfüllt, wir bummeln durch die wunderschöne gepflegte Hafenstadt Nauplia auf dem Peleponnes mit der riesigen, von den Venezianern erbauten Festung und lassen die Seele baumeln.

Griechenland ist schön! Bei der Rückreise fahren wir mit Bus und U-Bahn zum Athener Flughafen, der gerade neu erbaut worden ist, teuer, groß und protzig. Die zwanzig Kilometer Bus- und Bahnfahrt zeigen uns aber noch einmal das andere Gesicht dieser Großstadt und die noch zu lösenden Aufgaben in einem europäischen Entwicklungsland.

Wir kehren zurück, unser Sohn lebt und arbeitet noch bis 2005 in Athen. Am Abfertigungsschalter treffen wir durch einen völlig überraschenden Zufall auf unseren Neffen, der gerade von einer Dienstreise für ein deutsches Großunternehmen mit derselben Maschine zurückfliegt. Das Unternehmen produziert hochwertige, teure Haushaltsgeräte. Wie wir erfahren, ist die Nachfrage bei gut verdienenden Griechen der Mittel- und Oberschicht enorm. Uns wird noch einmal bewusst, dass wir es mit einer Gesellschaft mit großen sozialen Unterschieden zu tun haben.

2008 fliegen wir nach Korfu oder griechisch Kérkyra, der landschaftlich schönen Insel im ionischen Meer, angenehm bewaldet mit zwei Gebirgszügen. Ein Reiseführer nennt die Hauptstadt Korfu die schönste Stadt Griechenlands, und daran gibt es nichts zu rütteln, wenn man manche Zerfallserscheinungen an den prächtigen Stadtpalästen auf der Esplanade als nostalgischen Charme betrachtet. Aber der Glanz der alten venezianischen und im 19. Jahrhundert englischen Kolonialzeit ist weitgehend erhalten geblieben, ebenso die riesigen Befestigungsanlagen aus dieser Zeit, die dem Ansturm und den Zugriff der Osmanen auf diese Insel verhindert haben.

So blieb Korfu als einziger Teil Griechenlands frei von osmanisch-islamischen Einflüssen, umso zahlreicher aber sind die Kirchen und Klöster der orthodoxen Kirche, aber auch katholische Relikte gibt es und ein Kleinod aus englischer Zeit, den britischen Friedhof, auf dem wir auch Gräber deutscher Marinesoldaten entdecken.

Auch die österreichische Kaiserin Elisabeth (Sissi) hatte ihr Herz an Korfu verloren und sich dort auf dem Berg eine beeindruckende Sommerresidenz erbauen lassen, das Achilleion, ein Muss für Korfu-Besucher, später kaufte es sich der letzte deutsche Kaiser Wilhelm II. und hinterließ einige Spuren bis hin zu einem Stuhl in Gestalt eines Pferdes, typisch wilhelminische Ästhetik. Aber man würde lügen, wenn man dieses Schloss und die herrlichen Ausblicke von dort nicht großartig fände. Ja, Korfu ist, oder sollte man besser sagen war, schön.

Andere Eindrücke haben sich bei uns unauslöschlich in den Vordergrund gedrängt und mich veranlasst, an die Verwaltung von Korfu einen sehr kritischen Brief zu schreiben. Darf man das? Ist es nicht die typisch deutsche Arroganz oder wird es bei dem Adressaten nicht diesen Reflex auslösen? Wenn es denn so ankommt, tut es mir leid, aber ich bin bei solchen Anblicken traurig und möchte etwas ändern, was bei gutem Willen zu ändern wäre, ohne das sofort das leidige Argument des Geldmangels angeführt wird. Am Geld(mangel) aber liegt es nicht!

Prefectural Administration of Kerkyra

Lokal Tourism Committee

49100 Kerkyra, Ionian Islands, Greece

z. Hd. Mr. Spyros Symis

27.09.2008

Sehr geehrter Herr Symis,

wir waren vom 14. bis 20. September auf Korfu im Hotel Agios Gordis. Leider können wir Ihre schöne Insel nicht in guter Erinnerung behalten, weil viele gute Eindrücke durch zu viele negative Dinge beeinträchtigt wurden. Ihre Insel ist in vielen Touristen-Resorts baulich stark verunstaltet, Rücksichten auf gewachsene Strukturen werden nicht genommen; Betonburgen von großer Hässlichkeit, wohin man blickt.

Eine Abfallentsorgung ist vorhanden, aber grotesk. Überall stehen die geöffneten Container, quellen über, sind für alle Tiere zugänglich und der Müll liegt um die Plätze herum. Überhaupt ist der Hauptentsorgungsweg Wegwerfen und Liegenlassen. Überall gibt es unschöne, ja widerwärtige Anblicke.

Dann die Bebauung! Eine Bauordnung scheint nicht zu existieren, jedenfalls ist kaum etwas davon zu bemerken. In schöne grüne Hänge hinein werden Häuser errichtet ohne jede Rücksicht, teilweise stehen sie als Bauruine vermüllt in der Landschaft. Niemand scheint sich zu kümmern, Lethargie herrscht. Schauen Sie sich einmal die Grundstücke an! Das ist keine Geldfrage.

Die »schönste Stadt Griechenlands« – Kérkyra (Marco Polo Reiseführer) erstickt im Autoverkehr, keine Zone ist vom

Auto verschont; der Busbahnhof, von vielen Touristen benutzt, ist nicht anziehend, offene Müllcontainer, streunende Hunde und Katzen und Ratten am hellen Tage. Die einst sehr schönen alten Stadtvillen an der Esplanade sind teilweise in einem erschreckenden baulichen Zustand, nur einiges ist saniert.

Wir wissen, dass das auch eine Geldfrage ist. Um die Mittagszeit sind die Restaurants an der Esplanade voll mit lärmenden, etwas ungezogenen Schülergruppen.

Der alte englische Friedhof ist wunderschön und verdiente eine ordentlichere Umgebung.

Das Hotel Agios Gordis liegt an einer reizvollen Bucht, unterhalb riecht es manchmal nach Abwässern. Der Ort selbst ist reine Touristik, aber muss aus jeder Taverne der gleiche süßliche Sirtaki Pop wabern, und das ganztägig? Dann das absolute Highlight von Agios Gordis, ein typisches Baumonster an der herrlichen Kiesbucht, welch eine Schande!

Ein weiterer Missstand sind die Elektroleitungen, freiliegend neben den Straßen und Wegen oder quer durch die Straße in den Asphalt gekratzt. Wo ist da eine Aufsicht, die die Sicherheit überprüft.

Vieles könnte ohne Geld verbessert werden, machen Sie doch einmal einen Umwelttag mit den Schulen Korfus zusammen, machen Sie autofreie Zonen, ordnen Sie die Müllentsorgung mit geschlossenen Containern und sauberen Abfuhrplätzen.

Wenn Sie nichts tun, geht Ihre schöne Insel vor die Hunde (im Wortsinn).

Die Griechen haben uns Kultur gebracht und alles gelehrt,
wir lieben Ihr Land, jetzt sind wir traurig.

Mit freundlichen Grüßen

Schnitt

Das Drama, die Tragödie, Aischylos (525–456
v.Chr.), großer Dichter der Antike, hätte es/sie beschreiben können, wenn es/sie nicht so unsäglich
»heutig«, mediengesteuert, -befeuert, -vergiftet, da-
herkäme. Wir sind, unter anderem, bei Yanis Varoufakis, dem griechischen Finanzminister in der linken,
manche sagen kommunistischen, Syriza-Regierung
unter dem jungen Regierungschef Alexis Tsipras. Varoufakis ist eloquent, viril, maskulin, unorthodox und
anerkannter Ökonom und Professor an australischen
und englischen Universitäten. Er spielt bei seinen
Finanzminister-Kollegen der Eurozone den unan-
gepassten Widerpart, hält sich nicht an das Grup-
pen-Comment, spielt gegen die achtzehn anderen,
ein moderner Held, kühn, aber chancenlos.

Wofür kämpft er? Ich denke, für die Würde seines Landes, seines Volkes, das offenbar den Mecha-
nismen westeuropäisch-amerikanischer Kapitalwirt-
schaft nicht entspricht und historisch und strukturell
nicht entsprechen kann. Wenn man nicht *»vox pop«*
(Volkes Stimme in der Zeitung mit den großen Buch-
staben) und ähnliche Medien zum Maßstab der Beur-

teilung nimmt, ist eine solche Einschätzung evident. Verfassungstext und Verfassungswirklichkeit klaffen besonders weit auseinander, ebenso sieht es bei Einkommen und Vermögen aus, Oligarchen sind sehr einflussreich, ein ausufernder Staatsapparat infolge von Klientelwirtschaft und mangelnder gesetzlicher Leitplanken verschlingt Unsummen, eine fehlende industrielle Infrastruktur mit zu großen Importen und zu geringen Exporten führt zu ständigen defizitären Staatshaushalten, und immer noch gibt es kein verlässliches Kataster. Die Armut im Land und die Arbeitslosigkeit sind überproportional hoch. Wie also soll eine solche Ökonomie wettbewerbsfähig sein?

Portugal und Irland sind es, trotz gebetsmühlenartig wiederholter Beteuerungen, auch nicht und, mit Abstand, auch Spanien und Italien haben Probleme bei ihren Schuldenständen, ja sogar Frankreich tut sich schwer, die neuen östlichen EU-Staaten kann man noch nicht als Vergleich heranziehen.

2001 ist für Griechenland das entscheidende Datum. Trotz fehlender ökonomischer Grundlagen erfolgt die Aufnahme in die Eurozone, Geld fließt in ungeheuren Mengen ins Land, leider aber alles nur als Kredit ohne Masterplan für einen industriellen Aufbau. Griechenland lebt von Beginn an auf »Pump«. Große Infrastrukturprojekte und die Olympischen Spiele 2004 werden finanziert (s.o.), die Europäische Zentralbank und private Banken spielen mit, irgendwoher kommen Sicherheiten oder ein fiktiver Rettungsschirm suggeriert diese, die aber bei näherer Betrachtung keine sind, aber es funktioniert mindestens bis zum großen Bankencrash 2008.

Viele haben zu diesem Desaster beigetragen, auch griechische Parteien und Regierungen, wer wollte das bestreiten, vor allem aber die Eurozone mit ihren Institutionen selbst. Nun aber ist es vorbei mit der großen Feier, aus dem scheinbar aufstrebenden Land ist plötzlich »der kranke Mann« im östlichen Mittelmeer geworden (in Anlehnung an eine Metapher, die früher einmal die Türkei meinte und sie am Bosporus verortete). Nun bekommt dieser kranke Mann eine Medizin verordnet, die die Heilung einleiten soll. Chefarzt dieses Wunderheilungsversuchs ist der deutsche Finanzminister Dr. Wolfgang Schäuble, medizinische Gutachterin und Beraterin ist die sogenannte Troika, ein Gremium aus drei Institutionen (Europäische Kommission, Europäische Zentralbank, Internationaler Währungsfonds), achtzehn weitere »Fachärzte« (Finanzminister) stimmen der verordneten Dosierung zu und die Regierungschefs der Eurozone als oberste medizinische Autorität segnen das Ganze ab.

Die Therapie heißt *Austerity*, also Sparen, und das Auswerfen neuer Kredite für die Bedienung der alten Schulden bei den Gläubigern: Zentralbanken, Privatbanken und anderen.

Nur zwei wollen nicht mitspielen, wollen das soziale Elend nicht noch weiter vorantreiben, der junge linke Ministerpräsident Tsipras und sein Finanzminister Varoufakis, der medial zum »bad guy« Europas hochstilisiert wird. Ob dieser Kampf Erfolg haben und wie das enden wird mit Griechenland, ist in diesem Moment, wo ich das schreibe, völlig offen. Am 20. September 2015 wird ein neues Parlament in Griechenland gewählt. Wir werden sehen. Varoufakis ist überzeugt, dass die griechische Wirtschaft nicht erwirtschaften kann, was für eine Modernisierung des Landes notwendig ist. Es liegt nicht am Fleiß oder am Willen der Menschen, es ist kurz- und mittelfristig strukturell unmöglich.

Riesige Geldtransfers wirken wie Drogen, die kurzfristig aufputschen, aber langfristig Katzenjammer erzeugen. Griechenland wird niemals die Kredite zurückzahlen können, steht aber auf Jahrzehnte unter dem Druck der Gläubiger und ist von deren Wohlwollen abhängig, immer mal »etwas Schuldenschnitt« zu gewähren, indem man Rückzahlungsfristen nach hinten verschiebt oder Zinsen noch weiter absenkt (was kaum noch möglich ist).

Das aber löst die Probleme nicht. Es muss **den Schuldenschnitt** geben und einen totalen Neuanfang mit einem industriellen **Marshall-Plan** für den Aufbau einer funktionierenden Wirtschaft mit erträglicher Arbeitslosigkeit und Einnahmen im Staatshaushalt, die elf Millionen Griechen ein vernünftiges und erträgliches Leben ermöglichen. Davon sind wir weit entfernt.

Deutschland hat, allen medialen Unkenrufen zum Trotz, bisher an der griechischen Misere noch gut verdient, dahinter verbergen sich komplizierte finanztechnische Vorgänge, die schwer verständlich sind, aber es ist so.

Der tragische Varoufakis, inzwischen als Finanzminister zurückgetreten, kriecht und winselt nicht vor seinen europäischen Kollegen, sondern fordert Autonomie, Würde und Selbstbestimmung für Griechenland, er will keine neuen Kredite, die das Land immer weiter in den Abgrund ziehen, sondern substanzielle und nachhaltige Hilfen. Der Hetze in der gesamten Medienwelt, vor allem der digitalen, begegnet er mit dem Stolz eines Griechen, den Hetzern und Brunnenvergiftern ist ein solcher Stolz völlig fremd. Erstaunlicherweise erhält dieser scheinbar Verfemte in den deutschen Leitmedien Zeit und Raum, seine Position zu erklären. Zum Glück!

Schnitt
Es ist der 23. August 2015. Morgen stimmt der Deutsche Bundestag über das dritte Hilfspaket für Griechenland ab. Es ist das Ergebnis langer Verhandlungsnächte in Brüssel. Tsipras hat schweren Herzens und nur widerwillig zugestimmt. Ca. neunzig Milliarden

Euro sollen an Griechenland überwiesen werden, in Tranchen und mit definierten Zielen. Die drohende Insolvenz der griechischen Banken ist damit vorerst abgewendet, die Gläubigerbanken erhalten die fällige Tilgungsrate. Wieder ein Kredit an ein nicht schuldentragfähiges, ausgepowertes Land. Wieder verweigert man den Griechen den eigentlich notwendigen Schuldenschnitt, in der Brüsseler Terminologie als **»hair cut«** bezeichnet. Man weiß auf allen Seiten, dass er notwendig ist, und sagt das Gegenteil, es ist verlogen.

Der »Held« Varoufakis bleibt bei seiner Haltung und Einschätzung, dass die Geldflut in ein extrem strukturschwaches Land ohne eine auf festem Boden stehende Regierung und ohne leistungsfähige Verwaltung in ein Fass ohne Boden fließt und dass die Mehrzahl der Menschen dadurch immer tiefer ins Elend gerät. Uneinsichtig oder arrogant, wie ihn unsere Trash-Medien darstellen, schreibt er alles in einem kleinen Taschenbuch nieder, das den Titel trägt: *Bescheidener Vorschlag zur Lösung der Eurokrise.* Sind es Gedanken eines Traumtänzers? Mitnichten! **Er fordert eine wirkliche Bankenunion, ein wirkliches Umschuldungsprogramm (Schuldenschnitt), ein investitionsgestütztes Rettungs- und Konvergenzprogramm, also einen »New Deal«, und ein echtes soziales Notprogramm, und er fordert eine Wende zu gesamteuropäischer Verantwortung und Solidarität ein.**

Ist das Traumtänzerei? Ich stimme sogar den Bedenkenträgern insoweit zu, dass das der Weg in eine Transferunion wäre, für einige konservative Denker ein wahres Teufelsding, obwohl längst »transferiert« wird, nur vielleicht nicht den Notwendigkeiten, sondern der politischen Dominanz und Willkür geschuldet. Was ist unsere Subventionsunion denn anders als eine riesige Transfermaschine, um halbwegs gleiche Lebensverhältnisse in achtundzwanzig EU-Ländern zu erreichen, was aber unmöglich ist? So gewinnen bei dem Spiel immer die stärksten Lobby-Gruppen.

Es ist nach dem Gesetz der kapitalistischen Marktwirtschaft eigentlich systemwidrig, stört aber niemanden, solange die eigene Klientel gut dabei wegkommt. Wie hat doch die arme notleidende deutsche Autoindustrie um die Abwrackprämie gebettelt. **Transfer?** Ja sicher, nur hintenherum! Es hat sich mittlerweile herumgesprochen, dass man ohne soziale und wirtschaftliche Harmonisierung nicht neunzehn völlig unterschiedliche Volkswirtschaften zu einer Währungsunion zusammenbinden kann.

Aber es ist so gekommen, und nun muss man auf Biegen und Brechen dieses sehr anfällige Kind bemuttern, hätscheln und tätscheln und hohe Medikamentengaben (Geld, Geld, Geld) in gerade noch verträglicher, aber vielleicht schon letaler Dosis verabreichen.

Schnitt

Ein renommierter Insolvenzrechtler, Christoph Paulus, fordert ein **Insolvenzrecht für Staaten.** Ist das neu oder grundstürzend? Ich meine keineswegs. Staatspleiten hat es seit der Antike immer wieder gegeben, Währungsreformen und Währungsschnitte waren die Folge, also erhebliche Abwertungen einer wertlosen Währung und ein Neubeginn mit werthaltigem Geld, angepasst an die wirtschaftlichen Realitäten des Landes.

Eine Insolvenz ermöglicht dem überschuldeten Gläubiger einen Neuanfang, der aber ein geregelter ist, ein Schuldenschnitt steht am Anfang und ist Voraussetzung für ein Gelingen. Viele stimmen Paulus zu, aber es bewegt sich nichts. Gäbe es solch einen insolvenzrechtlichen Weg für Griechenland, wäre nach Meinung dieser Experten ein Neuanfang möglich. Dem schließe ich mich an. Unter der Insolvenzregie könne, so Paulus, auch sinnvoll über eine **»Exitstrategie«** aus dem Euro nachgedacht werden.

Schnitt

So versucht man die »Quadratur des Kreises«, Name: **Griechenland-Rettung.** Dem Land geht es schlecht. Viele Menschen leiden, die sozialen Verwerfungen nehmen zu. Europa ist gerade dabei, sich zu zerlegen, sich seiner humanen Ideale zu entledigen, sich als zur Solidarität unfähig zu erweisen. Ein Millionen-

heer von Flüchtlingen aus den Armuts- und Bürger-
kriegsländern des Nahen und Mittleren Ostens, Afg-
hanistans und Afrikas ergießt sich mit zunehmender
Wucht nach Europa. Griechenland und Italien sind
Erstaufnahmeländer der über das Mittelmeer ankom-
menden Flüchtlinge, eigentlich auch Spanien, das
aber bereits vor Jahren einen unüberwindbaren Zaun
vor Ceuta errichtet hat. Die beiden Länder sind hoff-
nungslos überfordert mit einer geordneten Registrie-
rung der Flüchtlinge und lassen sie ungeordnet in die
anderen EU-Länder weiterreisen.

Das Traumziel der Flüchtlinge ist Deutschland,
wohlhabender und aufnahmewilliger als die anderen
europäischen Länder. Man spricht von einer deutschen »**Willkommenskultur**«. Nun baut auch Un-
garn einen unüberwindbaren Zaun und Deutschland
und Österreich führen wieder Grenzkontrollen ein.
England verschließt seinen Tunnel vor Calais, einige EU-Länder weigern sich strikt, überhaupt Flüchtlinge aufzunehmen. Es ist eine Schande und es wird
das Gewissen Europas nachhaltig beschädigen. Gerade ist die Insel Kos einer der Brennpunkte bei der
Flüchtlingskatastrophe, weil sie am nächsten an der
türkischen Küste liegt. Die Zustände dort sind ein In-
ferno, die Einwohner der schönen Ferieninsel müssen damit zurechtkommen. Hilfen für Griechenland
gibt es bisher nicht.

In Deutschland rechnet man in diesem Jahr mit

800.000 Flüchtlingen, vielleicht sogar mit mehr. Es ist völlig offen, wie Deutschland und Europa das bewältigen. Wann fängt man in den westlichen reichen Ländern endlich an, das Flüchtlingsproblem, speziell den Exodus aus Afrika, als das vielleicht entscheidende Problem für die Zukunftsfähigkeit unserer Zivilisation anzusehen und endlich auf internationaler Ebene eine völlig neue Unterstützungsagenda (0,7 Prozent des Bruttosozialprodukts hatten die Industrieländer den Entwicklungsländern einst zugesagt) für alle diese Länder ins Leben zu rufen und die ethnischen und religiösen Konflikte beizulegen, die die Katastrophen herbeiführen und beflügeln. In unserem Land gibt es zurzeit große Empathie und die Bereitschaft, die Menschen aufzunehmen, aber es gibt auch aggressive und gewaltbereite Ablehnung aus dem rechten Spektrum und stille Skepsis bei einem Großteil der Bevölkerung.

Schnitt

Noch einmal will ich Yanis Varoufakis zu Wort kommen lassen. In einem Beitrag für die Zeit schreibt er:

»Die Eurokrise hat die Lücke im Herzen Europas deutlich vergrößert. Die Euro-Gruppe, eine informelle Gruppe, die kein Protokoll führt, keinen schriftlich niedergelegten Regeln folgt und exakt niemandem verantwortlich ist, steuert die größte Makroökonomie der Welt. Zur Seite steht ihr eine Zentralbank, die darum ringt, sich an vage Regeln zu halten, die sie im Lauf der Zeit selbst aufstellt. Ihr fehlt jede politische

Gemeinschaft, die das nötige Fundament politischer Legitimität zur Verfügung stellt, auf dem fiskalische und monetäre Entscheidungen beruhen können.«

Die Agenda seines deutschen Kollegen Dr. Schäuble, des nach Varoufakis einflussreichsten Akteurs in der Eurozone, beurteilt er so:

»Die Übel des gegenwärtigen Staatenbunds würden in Stein gemeißelt, die Verwirklichung des Traums einer demokratischen europäischen Föderation würde weiter in eine ungewisse Zukunft vertagt.«

Diese Agenda möchte eine zentrale europäische Finanzbehörde schaffen mit riesigen Vollmachten.

Schnitt

Der Kreis schließt sich. In der Odyssee des großen Homer muss der Held Odysseus durch einen Höllenschlund segeln, eine sagenumwobene Meerenge, die von zwei weiblichen Ungeheuern unüberwindbar bewacht wird. Sie heißen Skylla und Charybdis, Erstere von oben, auf einem Felsen sitzend, die Schiffe ergreifend und alles verschlingend, und Letztere aus der Tiefe des Meeres ebenso verderblich zupackend. Ohne Schaden kommt da niemand hindurch, auch nicht der »listenreiche« Odysseus, der sechs seiner Gefährten an Skylla verliert.

Dieser Mythos ist das Bild für jedes Dilemma der Welt, heute sage ich unserer Zivilisation. Aktuell beschreibt er die griechische Tragödie der Gegenwart exakt. Entweder unterwirft sich das Land den Gesetzmäßigkeiten der kapitalistischen Globalisierung (oder des globalen Kapitalismus) mit allen Konsequenzen, die gegenwärtig zu besichtigen sind, oder es folgt seinem »modernen« Helden Varoufakis, den der englische Philosoph und Schriftsteller Slavoj Žižek in einem großen Beitrag für die Wochenzeitung DIE ZEIT als solchen bezeichnet. Ich zitiere ihn:

»Die Anschuldigungen gegen Varoufakis wegen Hochverrats sind übrigens nichts als obszön: Als in den letzten Jahrzehnten Milliarden verschwanden und der Staat Bilanzen fälschte, wurde nur der Journalist belangt, der die Namen von Leuten veröffentlichte, die im Ausland schwarze Konten besitzen. Varoufakis hingegen wurde nun unverzüglich unter lächerlichen Vorwänden angezeigt. Wenn es einen wahren Helden in dieser gesamten griechischen Krisengeschichte gibt, dann ist es Varoufakis.«

Es würde einen Systemwechsel nach sich ziehen mit sehr ungewissem Ausgang, aber vielleicht einem humaneren und anständigeren. Insoweit sind sich alle Auguren, politische, wissenschaftliche und publizistische, einig. Jede Aussage über den Ausgang dieses jetzt in Angriff genommenen großen Feldversuchs ähnelt einem delphischen Orakelspruch.

Da die Dilemmata sich in der gegenwärtigen Welt mehren, sieht es nach existenziellen Problemen für unsere Zivilisation aus.

Zum Lesen und Recherchieren

Bücher

LECHNER, Auguste: Ilias, Innsbruck 1972
dieselbe: Die Abenteuer des Odysseus, Innsbruck 1978
dieselbe: Aeneas, Der Sohn der Göttin, Innsbruck 1975
VAROUFAKIS, Yanis; Holland, St.; Galbraith, J.K.: Bescheidener Vorschlag zur Lösung der Eurokrise, München 2015
VOß, Johann-Heinrich: Ilias Odyssee, 4. Aufl., München 2008
WOLF, Christa: Kassandra, Berlin 2011

Veröffentlichungen in verschiedenen Medien

CHRYSOS, Evangelos: Die Entstehung des griechischen Staates und der Geist des Philhellenismus, in: bpb 15.01.2014
ERK, Daniel: Lasst sie doch pleitegehen! in: DIE ZEIT Nr. 14/2015
KONSTANTINOU, Evangelos: Griechenlandbegeisterung und Philhellenismus, in: EGO 22.10.2012

THUMANN, Michael: Gott ist nicht mehr geizig, in: DIE ZEIT Nr. 45/2012 (zur orthodoxen Kirche)
VAROUFAKIS, Yanis: Ich wurde als gefährlicher Dummkopf dargestellt, in: ZEIT-Magazin Nr. 31/2015
derselbe: Dr. Schäubles Plan für Europa, in: DIE ZEIT Nr. 29/2015
ŽIŽEK, Slavoj: Ekstatische Energien, in: DIE ZEIT Nr. 34/2015

Internet (Wikipedia)

Eurozone; Griechenland; Hellenismus; Homer; Kassandra; Konstantin II.; Ludwig I.; Philhellenen; Otto I.; Mikis Theodorakis
und anderes mehr

Abbildungsnachweis

Abb. 1: © Wikipedia, Commons, Das trojanische Pferd wird in die Stadt gezogen;   Gemälde von Tiepolo, 18. Jahrhundert

Abb. 2: © Wikipedia, Commons, Kassandra wird von Ajax vergewaltigt und versucht zu fliehen, Tonschale, 440 v.Chr.

Abb. 3: © Wikipedia, Commons, Der Tempel der Pallas Athene Parthenos, errichtet auf der Akropolis von Athen von 447−432 v.Chr. von den Architekten Phidias, Iktinos und Kallikrates

Abb. 4: © Fotosammlung Gerd Ossenbrink

Abb. 5: © Wikipedia, Commons, Venus von Milo, eigentlich Aphrodite von Melos, Ideal der weiblichen Schönheit, 2. Jahrh. v.Chr.

Abb. 6: © Wikipedia, Commons, Walhalla von Ludwig I. bei Regensburg, erbaut von Leo von Klenze im Stil des Neoklassizismus, eröffnet am 18. Okt. 1842

Im BoD-Verlag vom selben Autor erschienen:

Nicht Himmel Nicht Hölle

Essays und Zwischenrufe

ISBN 978-3-7347-5958-1